丛书编委会

总策划：李继增

主　编：焦庆锋

副主编：翁　亮

编　委：陈　群　焦　琳　焦　璐
　　　　焦庆海　李雪研　刘海建
　　　　刘万柯　路玉明　任立丛
　　　　王亚飞　杨　春　杨　科
　　　　于景国　张　深　张晓燕
　　　　郑　博　郑浩森　郑　琳

人生必读书·百科系

万物探索

精彩无限
翻开本书，
让我们一起来探索吧！

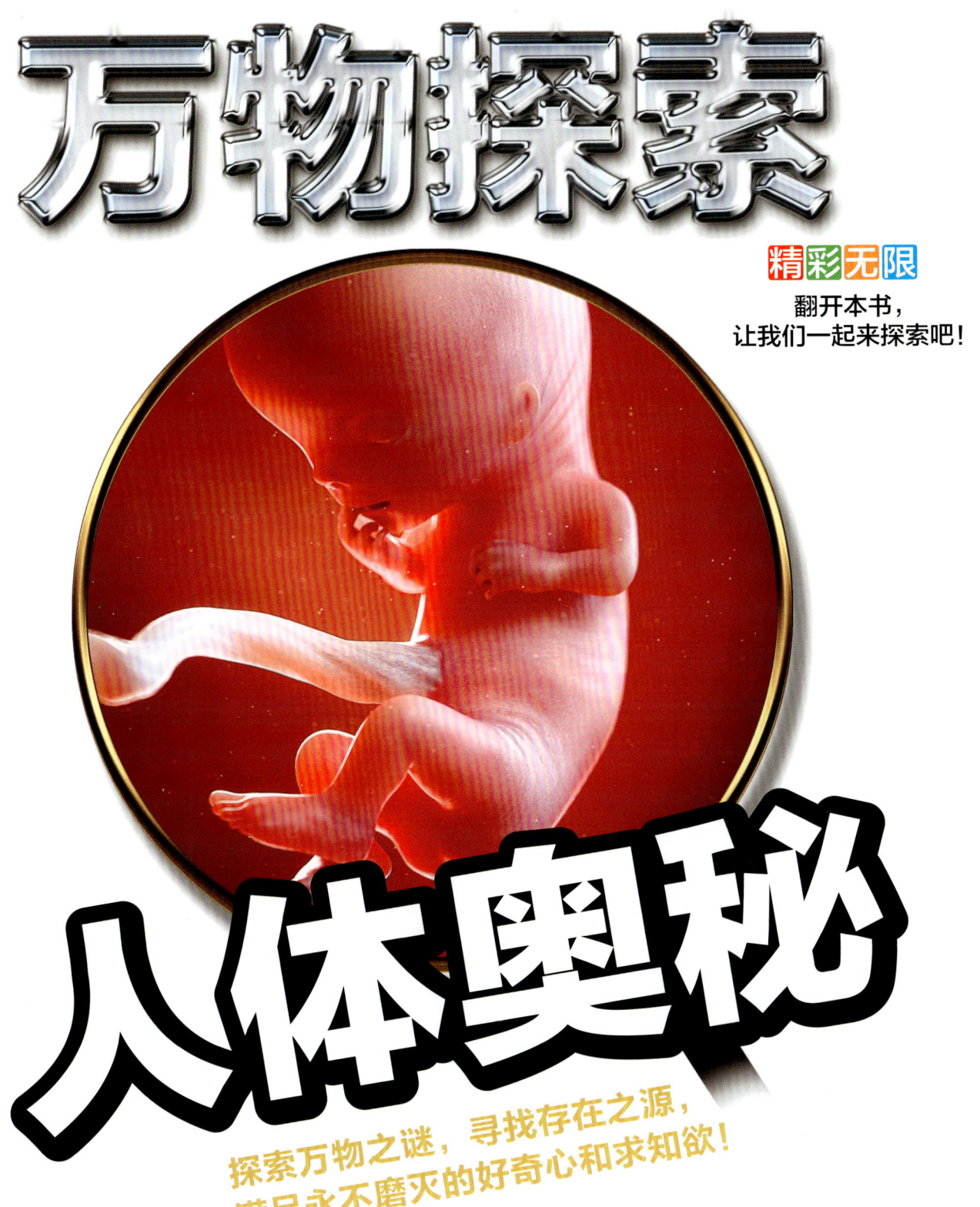

人体奥秘

探索万物之谜，寻找存在之源，
满足永不磨灭的好奇心和求知欲！

焦庆锋　主编

山东美术出版社

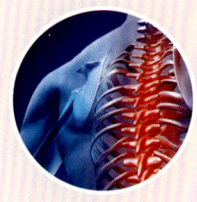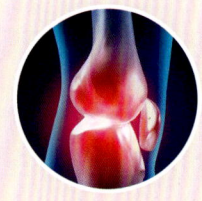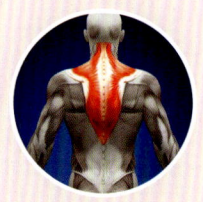

WANWU TANSUO QIAN YAN
前言

　　孩子们在成长的过程中，会对周围的世界充满好奇：天上有什么？星星上有没有人？鸟为什么会飞……在他们幼小的心灵深处，有一种对周围世界追求和探索的渴望。我们生活的这个世界多姿多彩，有太多太多的事物需要我们去探索，去发现，去了解。正是孩子们天生具有的探索精神，让他们充满了学习的动力和激情。随着孩子们年龄的增长，他们会越来越喜欢探索活动，想在生活中寻找问题的答案，这是儿童心理发展的一种正常现象。孩子们在参加探索活动的过程中，不仅会体验到探索的乐趣，而且自身的思维能力、创造力都将得到发展。

　　为了让孩子们更好地认识我们生活的这个世界，激发孩子们的想象力，培养孩子们独立思考和解决问题的能力，我们特推出了这套《万物探索》丛书。本套丛书共分16册，内容包罗万象、丰富多彩，既有浩瀚的宇宙，又有广阔的海洋；既有恐龙的兴衰存亡，又有令人费解的未解之谜；既有引人入胜的名胜古迹，又有缥缈的天外来客……这些构成了一席科学知识的盛宴，一定会让孩子们在知识的海洋里回味无穷。

在这套精彩纷呈的《万物探索》丛书中，我们可以一起去探索宇宙世界的奥秘，感受自然现象的诡异，揭秘地球生物的神奇；我们可以一起在这颗蓝色星球上游弋，感受撒哈拉的荒凉、骷髅海岸的恐怖、神农架的美丽；我们可以一起畅游全球，参观那些奇妙无比的美景、与众不同的国家、别有风情的城市，体验各地的奇风异俗；我们还可以一起走进历史长河，了解古老文明的兴亡……

本套丛书设计精美，内容科学，集知识性和趣味性于一体。让我们一同走进《万物探索》，领略自然的伟大，探索世界的神奇吧！

WAN WU TANSUO 万物探索

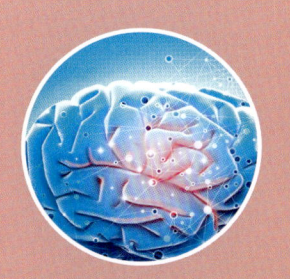 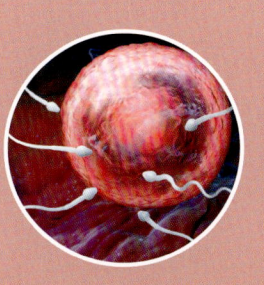 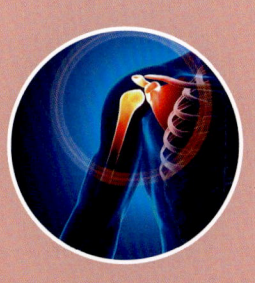 

阅读导航

YUEDU DAOHANG

※ 导 语

在每个章节的开头，设有"导读"模块，其目的是对本章节的知识做一个引导说明，让小读者们可以大概了解本章节的知识内容，从而形成一个整体的认识。

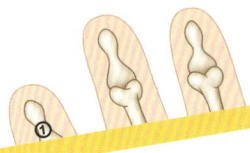

手骨和足骨

手骨包括指骨和掌骨，解剖学中，也包括腕骨，运动灵活。手部骨骼数量约占到了人体骨骼总数的25%。足骨包括前足、中足和后足，可支撑人体直立，完成行走、跳跃、落地等动作。

牙齿

每颗牙都可以分为上下两部分，上面是我们能看得见的牙冠，有光滑的牙釉质层，质地非常坚硬，可以很好地咀嚼食物；下面我们看不到，藏在牙龈中，是牙本质构成的牙根。在牙本质的内部有牙髓腔，腔内有血管和神经，血管负责把血液提供给牙细胞。其神经末梢具有测知压力、冷热的功能，同时可以传导疼痛信号。

保护牙齿

牙齿是一颗颗独立的，两颗牙齿间存在着空隙，食物残渣和细菌微生物很容易在这些空隙间滋生。牙齿受细菌微生物的影响很容易形成龋齿，不仅影响美观，还会影响牙齿的基本咀嚼功能，甚至会伴有难忍的疼痛。所以，我们一定要保护好牙齿，维护好口腔的卫生。

※ 知识详尽

本书所讲的内容具有详细、权威的特点。语言生动有趣，能让小读者们在快乐中接受知识，丰富他们的知识储备。

※ 选图精美

在编排时，采用了大量精美的高清照片（图片），可以让小读者们通过图片对知识点有一个更加直观的认识。

※ 扩展知识

在本书当中，小读者们会了解到很多有趣的知识。除内文中讲到的知识外，书中还开辟有"扩展知识"模块，这里的小知识起到补充的作用，小读者们千万不要错过。

目录 WANWUTANSUO MULU

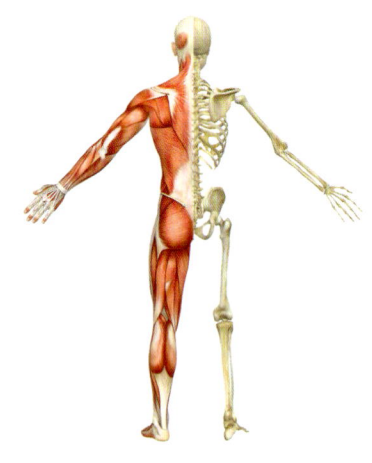

骨骼系统 008

- 骨骼 …… 008
- 骨骼构造 …… 010
- 关于骨骼的知识 …… 012
- 关节 …… 014
- 颅骨 …… 016
- 脊柱 …… 018
- 肋和骨盆 …… 020
- 手骨和足骨 …… 022

024 肌肉系统

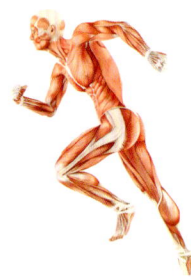

- 肌肉 …… 024
- 头部、面部、颈部肌肉 …… 026
- 肌和肌腱 …… 028
- 肌和肌腱的疾病 …… 030

神经系统 032

- 神经系统分布 …… 032
- 神经元 …… 034
- 脑 …… 036
- 脊髓 …… 038
- 自主神经系统 …… 040
- 记忆神经 …… 042
- 触觉 …… 044
- 嗅觉 …… 046
- 听觉 …… 048
- 眼和视觉 …… 050

052 内分泌系统

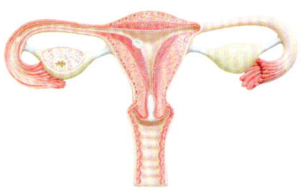

- 激素 …… 052
- 激素的作用 …… 054

万物探索 目录
WANWUTANSUO MULU

心血管系统 056

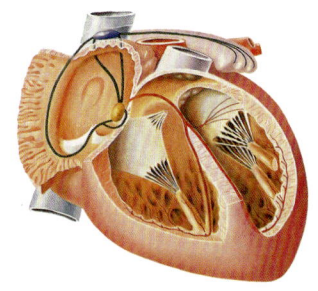

- 心血管系统组成 …… 056
- 血管和血液 …… 058
- 心脏 …… 060
- 心脏跳动 …… 062

064 呼吸和消化系统

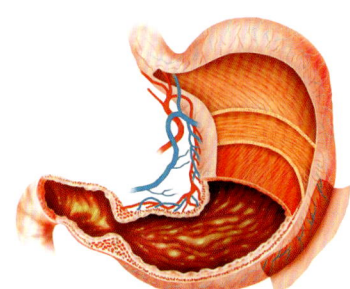

- 消化系统 …… 064
- 口腔和咽 …… 066
- 胃和小肠 …… 068
- 大肠 …… 070
- 消化 …… 072
- 肝脏 …… 074
- 肾 …… 076
- 呼吸系统的疾病 …… 078
- 慢性阻塞性肺病 …… 080
- 肺癌 …… 082

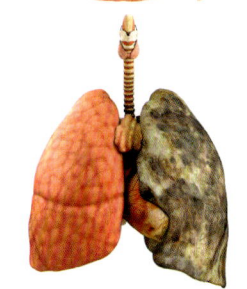

生殖及生命周期 084

- 男性生殖系统 …… 084
- 女性生殖系统 …… 086
- 受精及胚胎的形成 …… 088
- 胎儿的发育 …… 090
- 分娩 …… 092
- 人的成长 …… 094
- 衰老 …… 096
- 遗传 …… 098

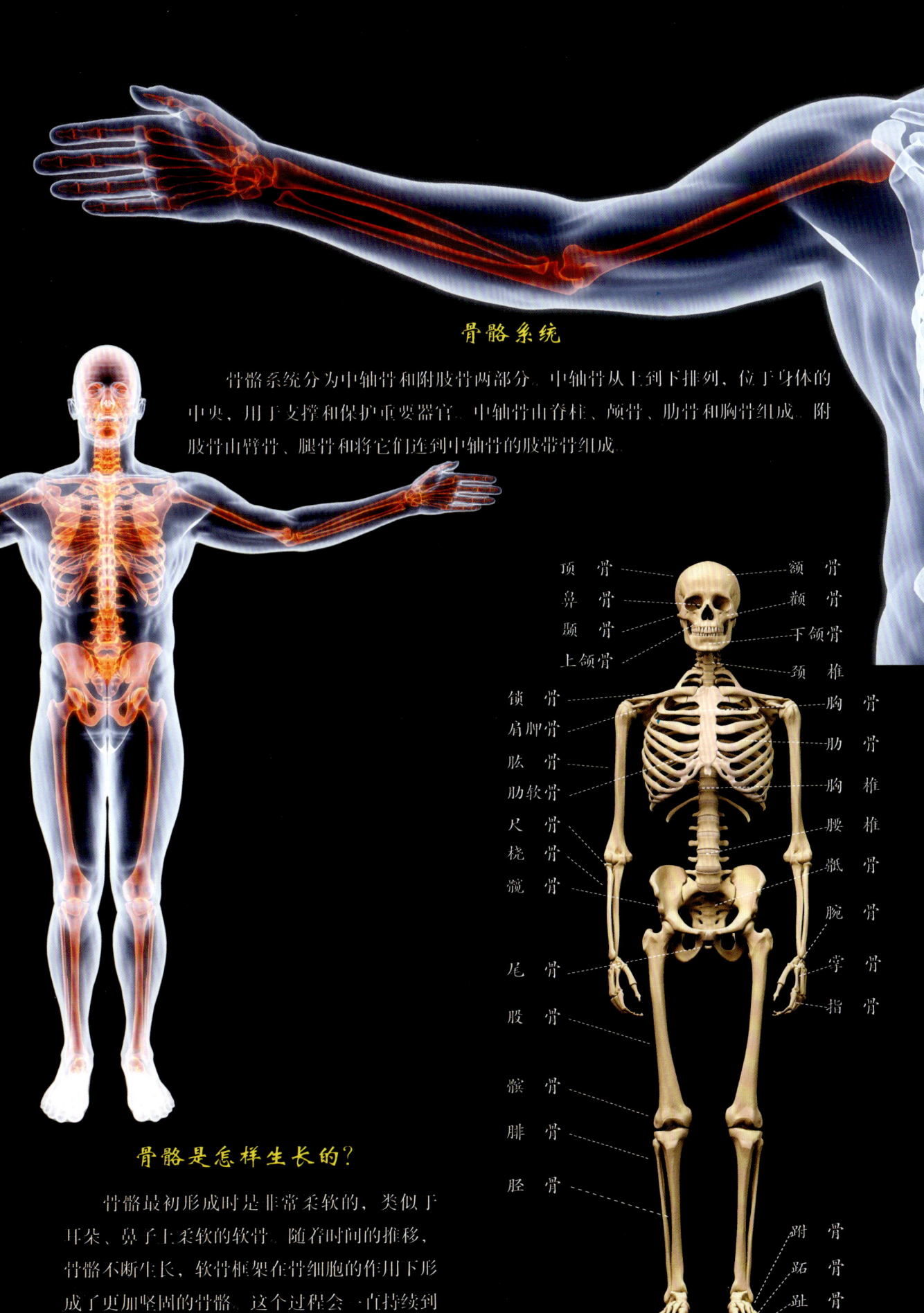

骨骼系统

骨骼系统分为中轴骨和附肢骨两部分。中轴骨从上到下排列，位于身体的中央，用于支撑和保护重要器官。中轴骨由脊柱、颅骨、肋骨和胸骨组成。附肢骨由臂骨、腿骨和将它们连到中轴骨的肢带骨组成。

骨骼是怎样生长的？

骨骼最初形成时是非常柔软的，类似于耳朵、鼻子上柔软的软骨。随着时间的推移，骨骼不断生长，软骨框架在骨细胞的作用下形成了更加坚固的骨骼。这个过程会一直持续到20岁。

骨骼构造

股骨、肱骨等长骨的骨干内部存在骨髓腔，骨髓腔内有红骨髓、黄骨髓及大量血管。血细胞主要是由红骨髓产生的，而人们常说的脂肪组织则是黄骨髓。

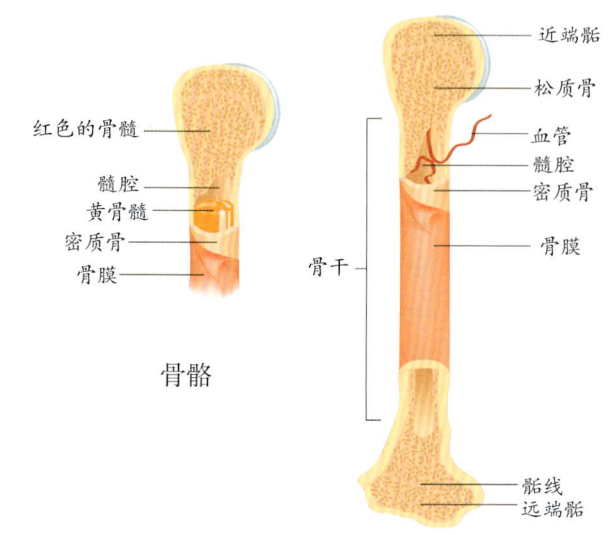

骨髓腔

骨髓腔周围是网状的骨松质，也含有骨髓，呈蜂窝状腔隙。再向外是骨密质，即骨皮质，十分坚硬、致密。骨的外表面有一层骨膜，骨髓腔和骨膜之间通过小管连通。

骨组织

骨组织由特殊的细胞、蛋白纤维和骨基质构成。骨基质中含有水、矿物质和其他物质。骨的细胞分为骨细胞、成骨细胞和破骨细胞。成骨细胞可以对骨进行钙化，骨细胞可以维持骨结构，破骨细胞则可以吸收退化无用骨组织。

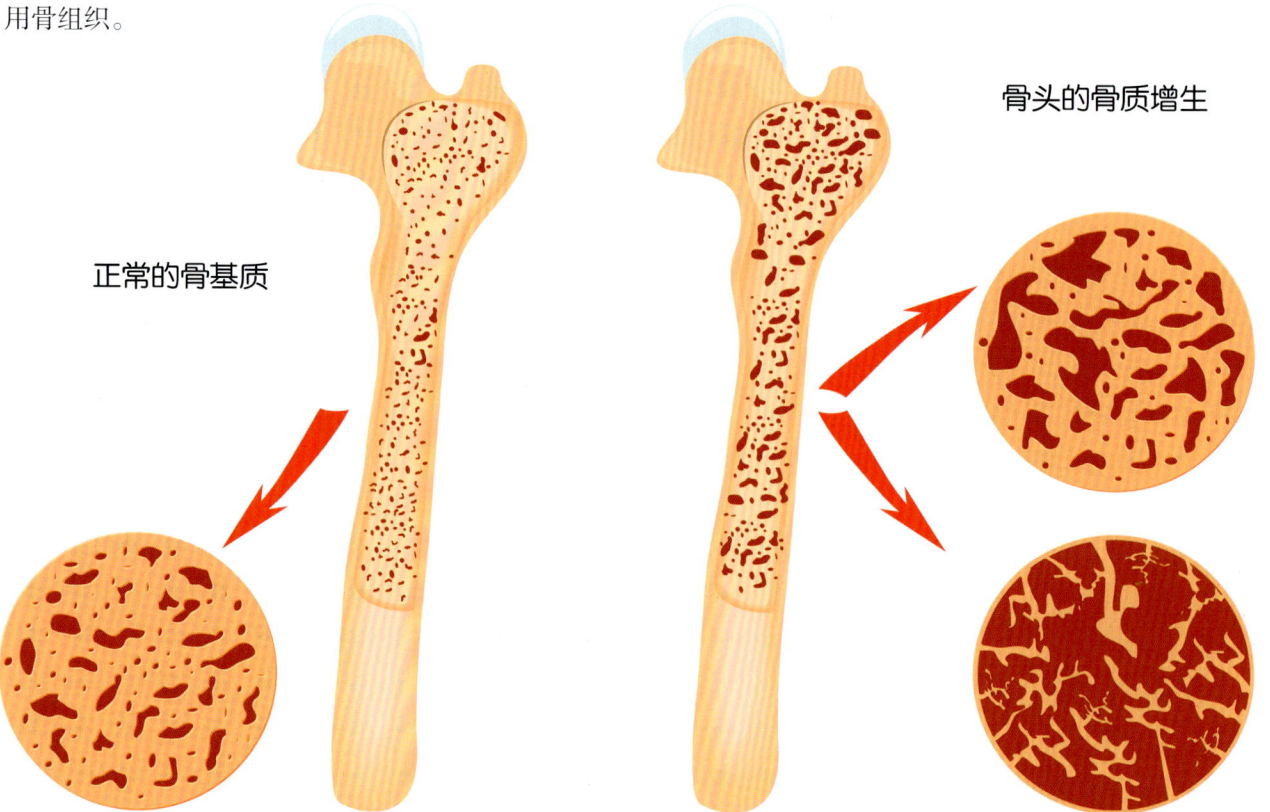

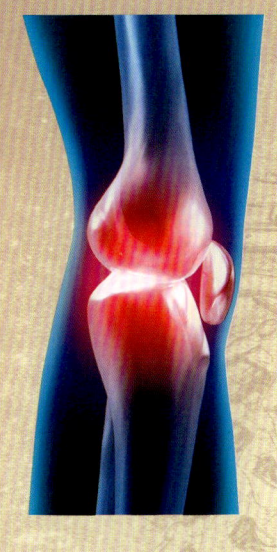

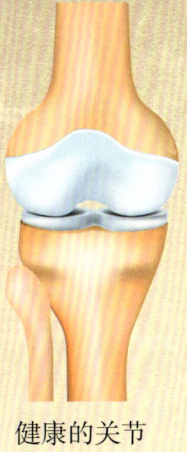

健康的关节

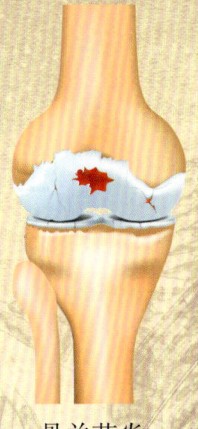

骨关节炎

软骨

软骨是一种结缔组织，它非常坚韧且具有可塑性，由多种化学物质的胶冻样基质构成。胶冻样基质中分布着各种类型的纤维和软骨细胞，正是它们形成了软骨组织。软骨包括3种类型：纤维软骨、透明软骨和弹性软骨。其中弹性软骨分布于耳廓、咽喉等部位，是一种柔韧的软骨。

骨骼内部结构

人体的骨骼质量不如混凝土或钢铁，但其强度却很高。打个比方，若人体的骨骼由钢铁构成，其重量会增加4倍。人体的骨骼里存在很多空腔，微细的骨小梁又呈蜂窝状，但骨骼却保持了很高的强度，足以维持人体的正常行动。

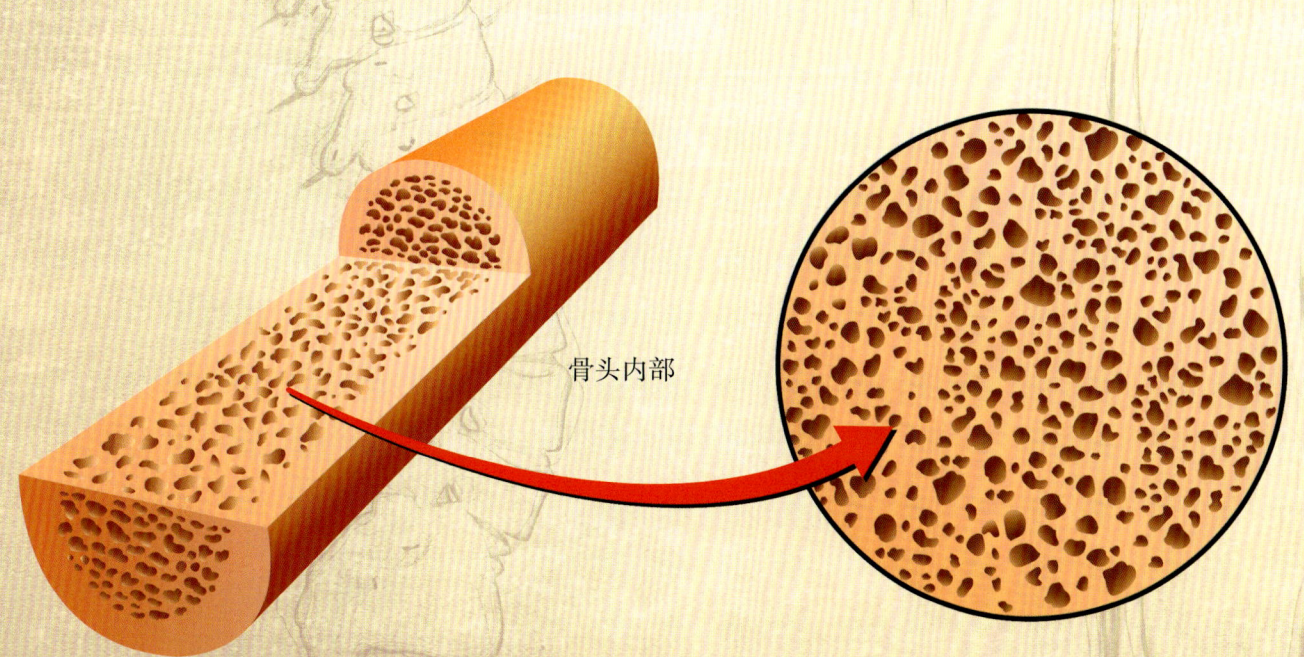

骨头内部

关于骨骼的知识

骨骼形状和大小各异,但是其基本结构相同。外层都是坚硬的密质骨,中间是松质骨,部分骨骼中央有空腔,空腔里是胶冻样的骨髓。骨骼里面分布着大量网状血管,为骨髓提供营养物质。

骨骼"混凝土"——蛋白质

骨骼中约22%的成分都是蛋白质。这些蛋白质主要是胶原蛋白,有强劲的附着能力,如同建筑中的混凝土,使得坚硬的钙质可以形成坚固的结构,并富有韧性,可以抵抗外力的冲击,不至于被轻易折断。胶原蛋白中的氨基酸和多肽可以促进钙吸收。

骨骼"基石"——钙

人的骨骼中存在大量的钙质。虽然骨骼致密坚硬,但其也不断与外界进行着物质交换。当人体摄入钙减少,骨骼中的钙就会流入血液,以维持血钙浓度。随着钙的流失,骨骼密度会降低,骨质变疏松,此时就容易引起骨折、佝偻病、增生骨质退行性变等症状。

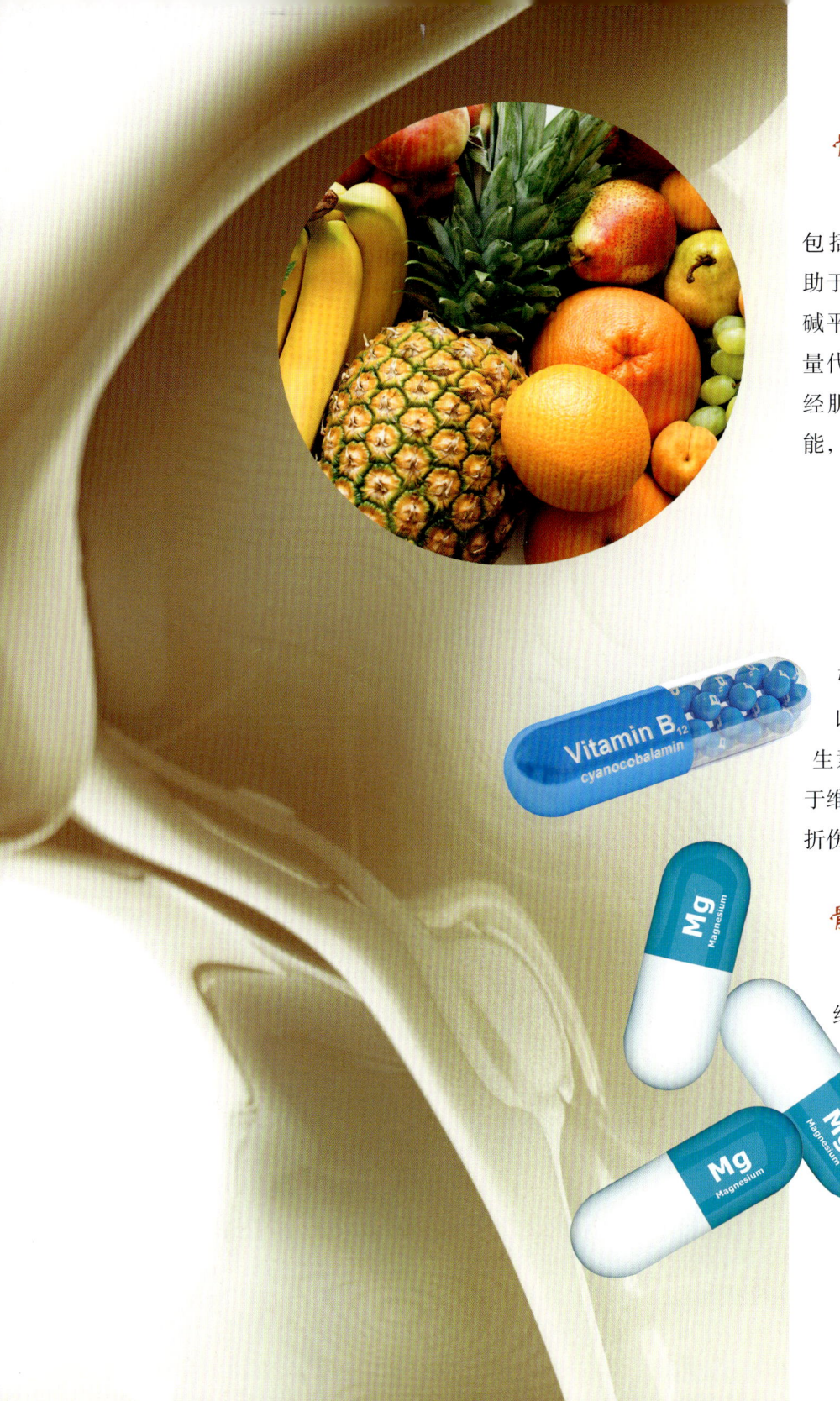

骨骼"稳定剂"——钾

钾存在于身体的每一个细胞中，包括骨骼。钾有助于维持机体酸碱平衡，参与能量代谢，维持神经肌肉的正常功能，对于骨骼十分重要。

骨骼"清道夫"——维生素B12

骨骼中的高半胱氨酸过多会引起骨质疏松。维生素B12则可以清除血液中的高半胱氨酸。维生素B12中还含有矿物质磷，有助于维持骨骼硬度，保护骨骼，减少骨折伤害。

骨骼"保卫者"——镁

镁是人体必需的微量元素，约60%以上的镁都存在于骨骼中。虽然骨骼中的镁含量很低，但是其在新骨的形成过程中的作用十分显著，可增强骨骼韧性。缺镁极易导致骨骼脆弱、断裂。

骨骼"添加剂"——维生素K

维生素K是骨头的"添加剂"，可以激活骨骼中的骨钙素，增强骨骼的抗折能力。

骨骼的"加油站"——维生素D

维生素D可以促进肠道钙吸收，减少肾脏钙排泄。在增加钙吸收量、减少钙损失的双重作用下，保证机体内部有足够的钙供给给骨骼。当机体缺少维生素D，钙供给就无法达标，很容易形成各种骨骼疾病，如软骨症、骨骼发育不全、下肢无力等。

关节

关节指两块或多块骨之间的链接部位，分为不动关节和动关节。动关节的连接处存在液体，使得关节连接的骨骼可以实现弯曲、旋转等动作。

膝关节的内部结构

膝部的韧带和肌腱维持了骨骼和肌肉的稳定，保持人的站立姿态和行走、跳跃等活动。除了韧带和肌腱，膝关节还有关节盘和囊内韧带。关节盘是由2片半月形的软骨片组成，这种软骨片便是半月板，囊内韧带则被称为"交叉韧带"。

关节结构

人体的关节有很多种，但其都由关节面、关节囊和关节腔组成。

1. 关节面：是各骨相互接触的光滑面，关节面上覆盖有关节软骨，它光滑富有弹性，可减少运动时的摩擦，并能缓冲震荡。
2. 关节囊：附着于关节面的周围骨面上，是由缔结组织组成的。可分为纤维层和滑膜层。纤维层是外层，由致密结缔组织构成；滑膜层为内层，由薄层疏松结缔组织构成，滑膜上皮可以分泌滑液，起润滑作用。
3. 关节腔：是关节软骨和关节囊之间所密闭的腔隙，也含有滑液，能减少骨与骨之间的摩擦。
4. 关节软骨：减少骨与骨之间的摩擦。
5. 关节头：和关节窝紧扣，进行运动。
6. 关节窝：与关节头紧扣，进行运动。

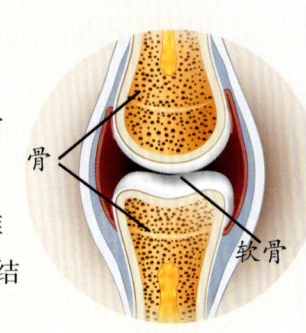

人体韧性

我们总是听别人说,身体非常柔韧的人关节与常人不同,其实他们的关节数量与普通人无异,只是韧带弹性更强,关节更柔韧。比如体操运动员的关节柔韧性就超出常人许多,这样的柔韧是可以通过长时间的训练获得的。因此,想要让身体变柔软就要多锻炼。

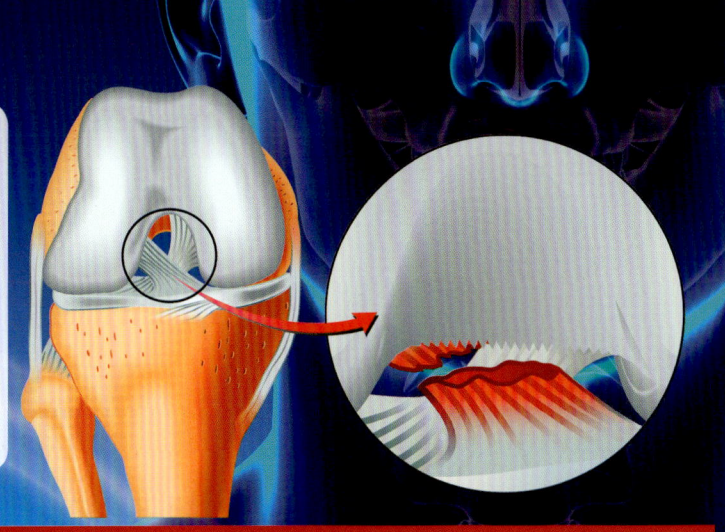

柔韧的关节

人体能自由活动的关节(滑膜关节)主要有6种。这些动关节的活动范围各不相同,主要由骨骼之间的关系决定。打个比方,髋关节属于球窝关节,允许与之连接的腿向所有方向活动。肘关节属于屈戌关节,只支持手臂向一个方向活动。

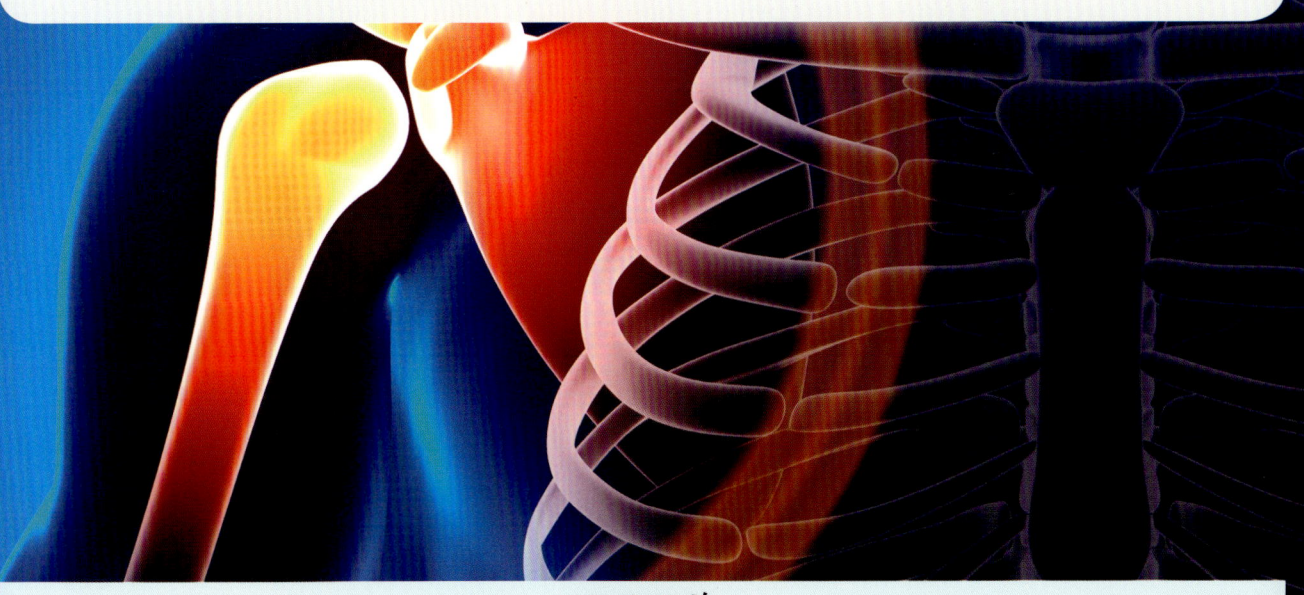

滑膜关节

滑膜关节大量存在于机体中,约有230块,功能最广泛,可自由运动。滑膜关节被关节囊保护着,可以分泌滑液,保证关节囊内面光滑。这样,关节面在相互接触滑动时,摩擦系数和磨损度就会降到最小,起到良好的润滑作用。

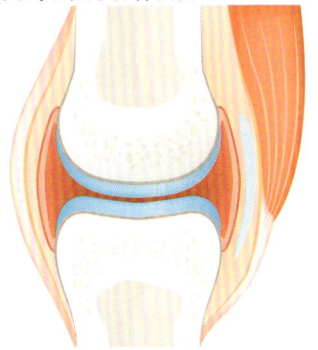

健康的关节

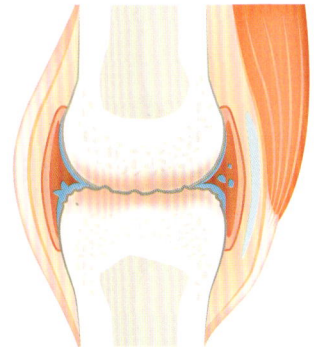

骨关节炎

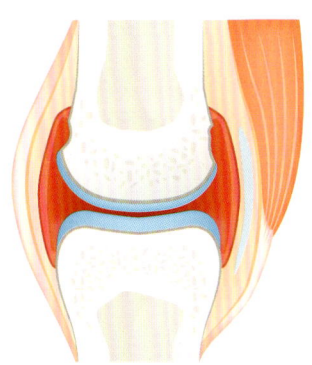

骨关节炎

颅骨

颅骨是人类头部的骨骼，由脊柱支撑。颅骨共有23块（除听小骨），主要是扁骨和不规则的骨骼。除了舌骨和下颌骨，颅骨都由骨缝和软骨连接。颅骨十分坚硬，保护大脑和其中各个器官。

颅骨构造

颅骨共23块（也有说29块，其中包括了3对听小骨）。其中脑颅有8块，构成颅腔；面颅有15块，构成面部。脑颅呈卵圆形，内部为脑。面颅构成眼眶、鼻腔、口腔和面部的骨性支架。脑颅和面颅以眼眶上缘到外耳门上缘为界限。

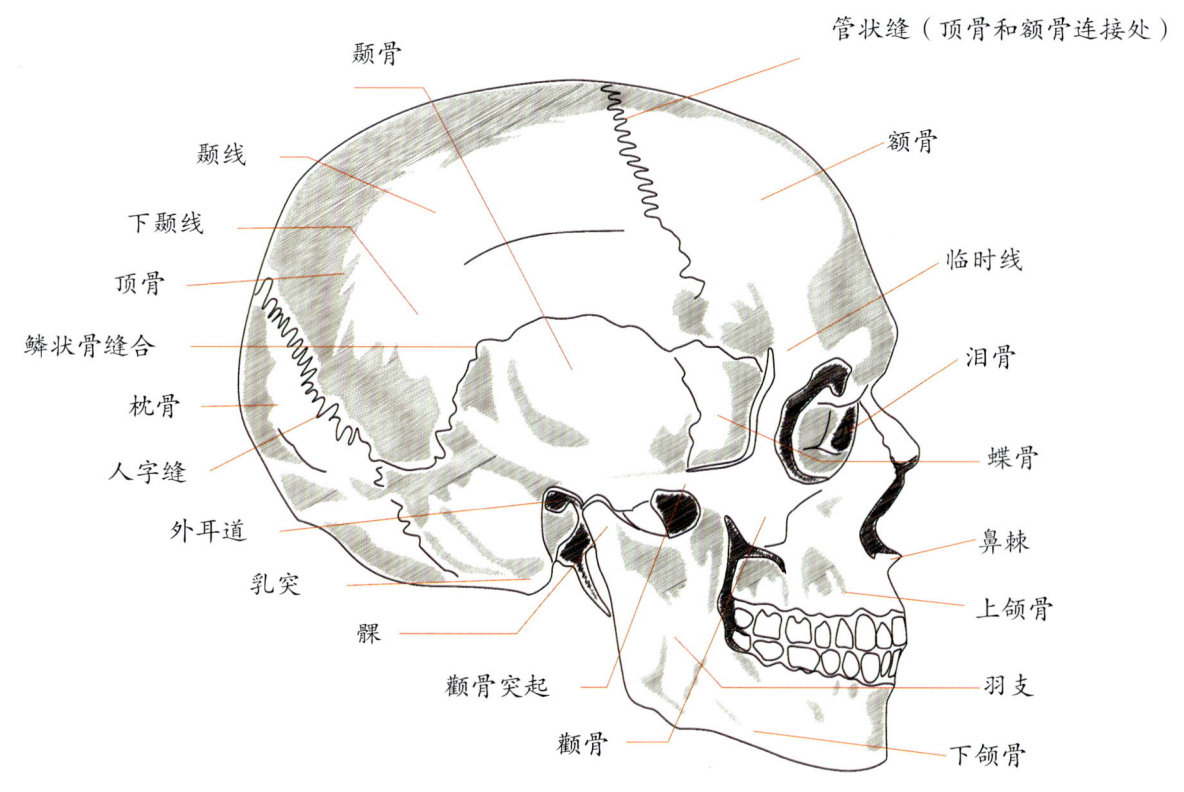

颅骨

颅骨的生长

刚降生的婴儿，颅骨发育不完全，连接组织也很脆弱。往后，随着身体的发育，其脑部也会随之生长。18个月以后，颅骨的缝隙渐渐闭合，一些软组织被骨性关节取代，各块颅骨交叠排列，形成一个完善的结构部。

脑的保护

脑是人体最重要的中枢神经，控制人体活动。为了保护脑，人体形成了两层保护层。第1层是坚硬的颅骨，成卵圆形，可承受很强的冲击；第2层是颅骨内部的缓冲层，可减少冲击带来的损害。

面颅骨

面颅骨有15块，其中包括2块上颌骨、1块下颌骨、2块颧骨、2块鼻骨、2块泪骨、2块下鼻甲、1块犁骨、2块腭骨和1块舌骨。

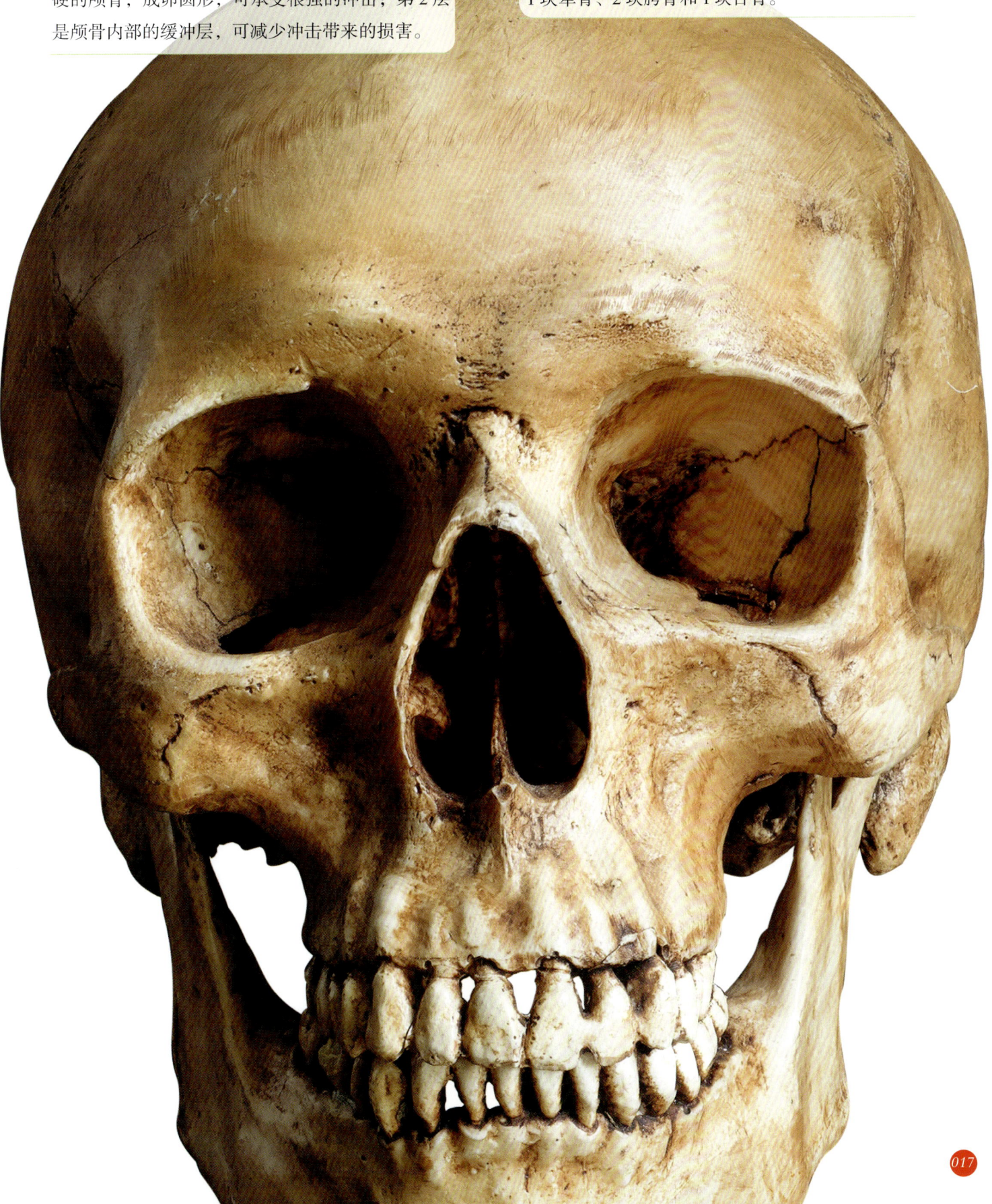

脊柱

脊柱位于背部正中，支撑着人的机体、保护着内脏器官，并实现四肢和头部的运动。脊柱内部自上而下形成一条纵行的脊管，内有脊髓，是人体重要的神经中枢。

基本结构

脊椎骨通过关节、脊椎盘和韧带连接。顶端支撑颅骨，中部连接肋骨，低端连接髋骨，且支撑胸、腹、盆腔。人体的脊柱有33块，其中，5块为腰椎，7块为颈椎，12块为胸椎，这24块统称为"椎骨"，还有5块骶骨和4块尾骨。

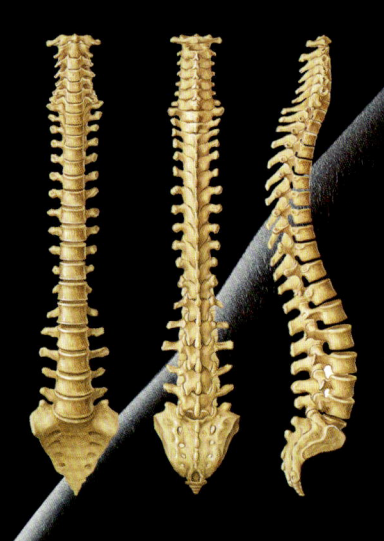

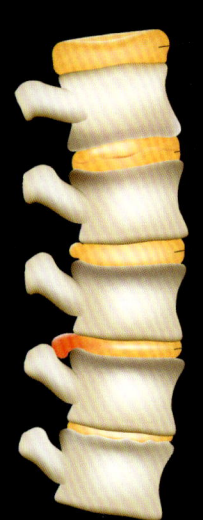

正常的椎间盘

退行性椎间盘

椎间盘膨出

椎间盘突出

薄盘

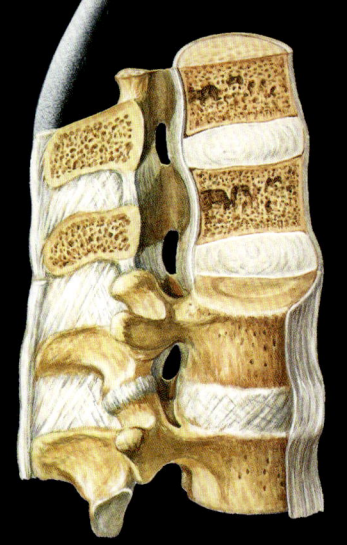

脊柱的运动

脊椎之间由关节、脊椎盘和韧带连接，可进行小范围活动。每块脊椎骨的运动都叠加在一起，就可以产生较大幅度的运动。如旋转、弯曲等。椎间盘的厚度和关节的方向都制约着运动幅度，颈椎和腰椎灵活度较高，胸椎活动范围小，骶部不活动。

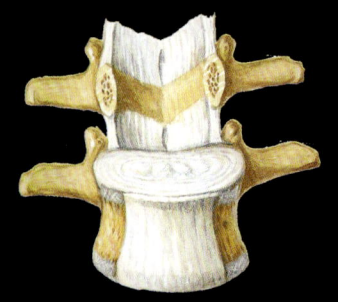 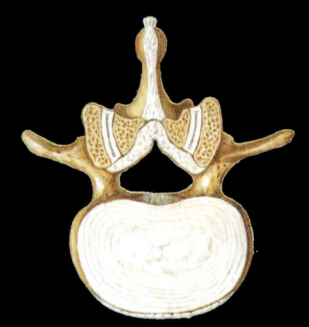

脊柱减震作用

间隔的脊椎骨之间存在着软骨盘，软骨盘柔软有韧性。当人在运动时，软骨盘会产生小幅度的压缩或拉伸，减少振动，阻止脊柱骨间的摩擦。

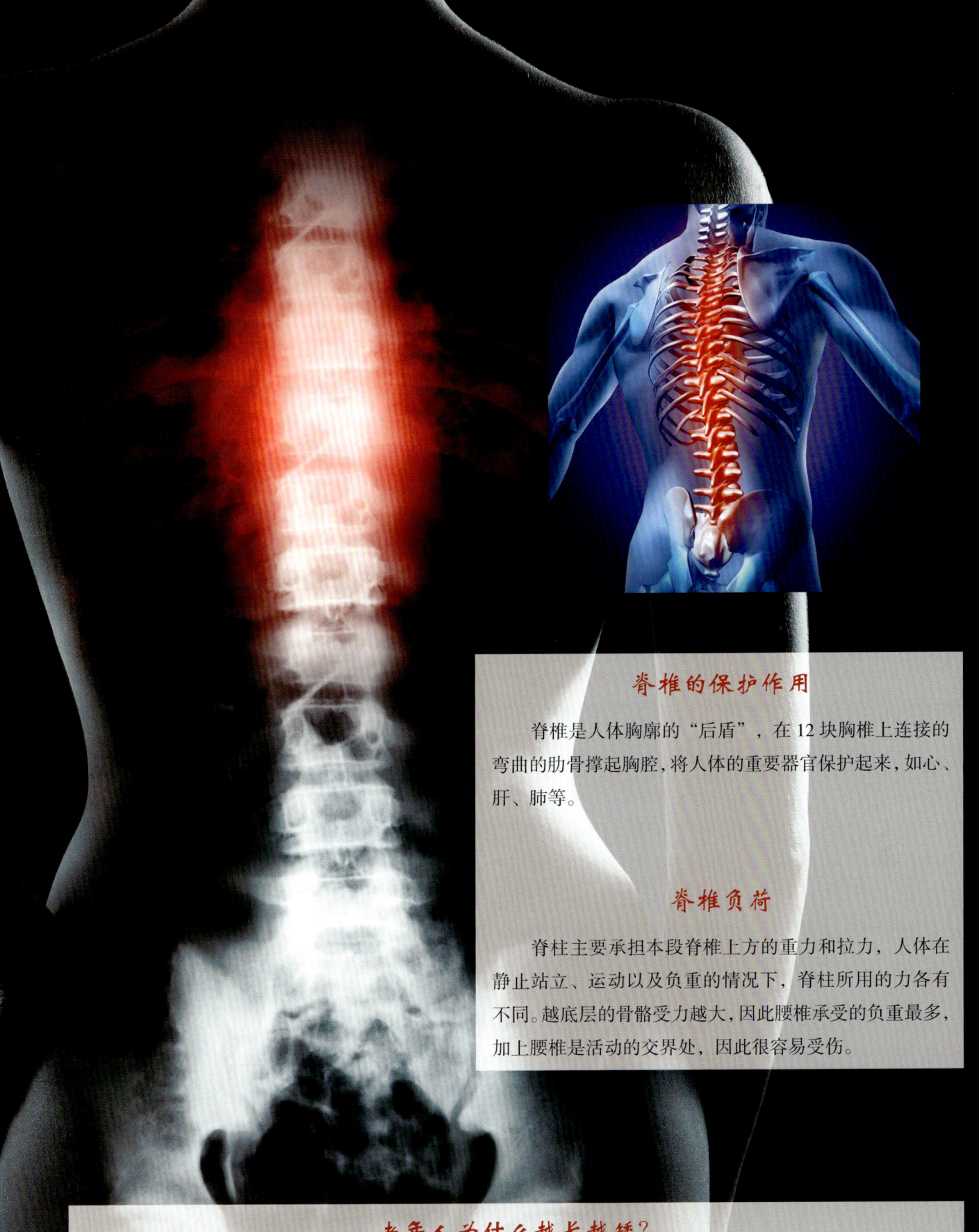

脊椎的保护作用

脊椎是人体胸廓的"后盾",在12块胸椎上连接的弯曲的肋骨撑起胸腔,将人体的重要器官保护起来,如心、肝、肺等。

脊椎负荷

脊柱主要承担本段脊椎上方的重力和拉力,人体在静止站立、运动以及负重的情况下,脊柱所用的力各有不同。越底层的骨骼受力越大,因此腰椎承受的负重最多,加上腰椎是活动的交界处,因此很容易受伤。

老年人为什么越长越矮?

人在少年时期,身体会不断长高;青中年时期,身高基本维持不变;进入老年后,会越来越矮。这是因为人体脊椎间的纤维软骨盘变薄了。身体代谢旺盛时,纤维软骨盘会吸收大量水分。但随着年龄增长,其吸收的水分越来越少,变得越来越薄,脊柱就会整体变短,人体的身高也会萎缩。

肋和骨盆

肋骨连接在胸椎上，分布在胸锥左右两侧，在胸前形成弯曲的笼形结构，支撑胸腔，保护重要内脏器官。骨盆则连接髋骨、骶骨以及尾骨，连接机体的下肢或后肢。

骶骨

骶骨成倒三角形，由5块骶椎组成。中部由4条横线相连，横线两端有4对骶前孔。骶骨与尾骨相连，尾骨由4块尾椎组成。

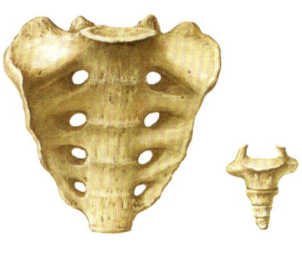
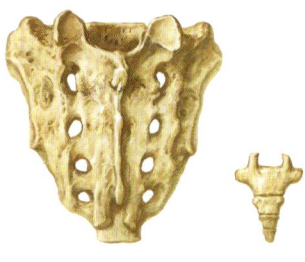

骨盆

通常情况下骨盆指髋骨、骶骨、尾骨、坐骨、髂骨、耻骨，一部分支撑腹腔。耻骨靠前，其后面是骶骨、尾骨，下部是坐骨。女性因生育需要，骨盆进化得比男性宽，盆腔入口和出口处也更大，以便分娩婴儿。

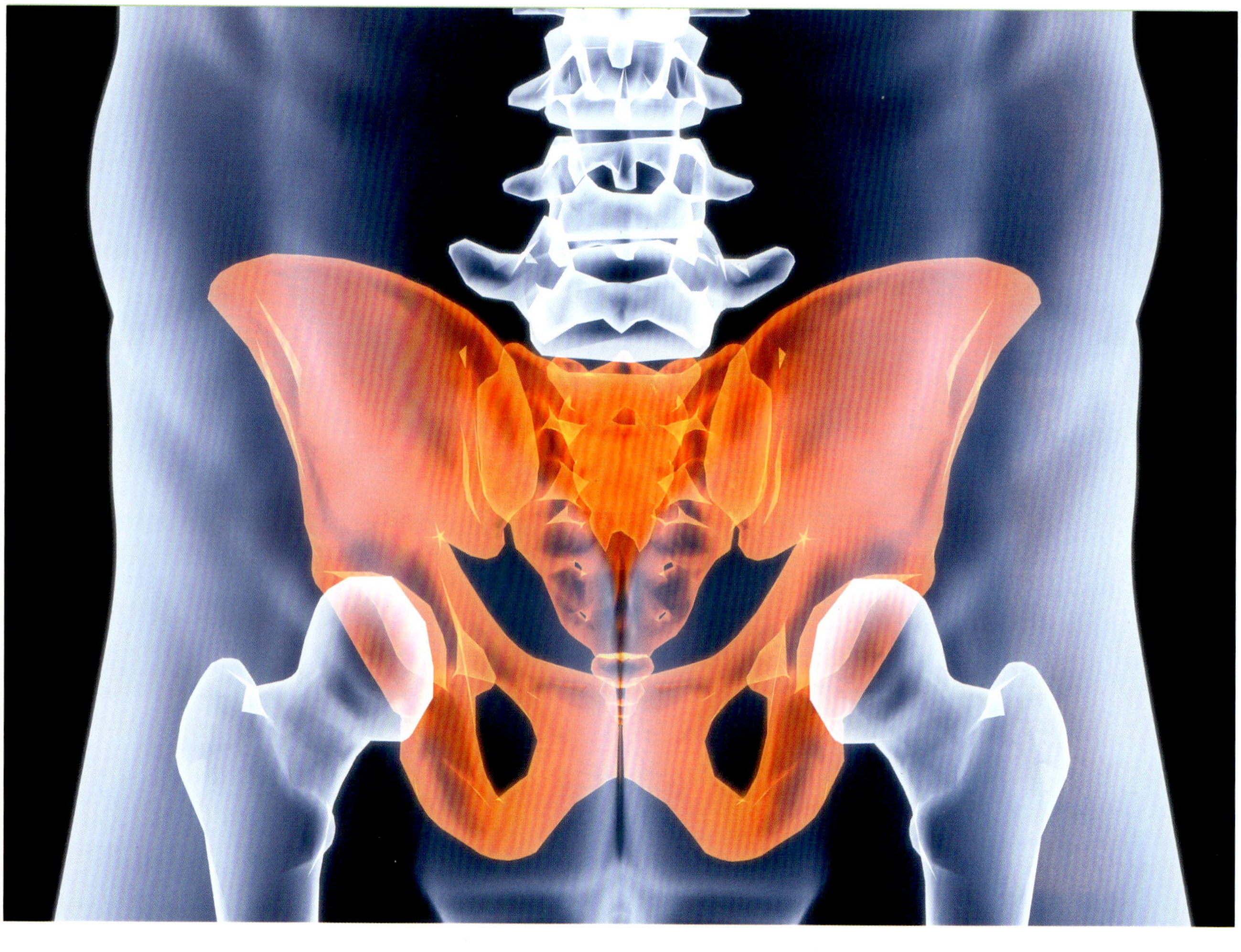

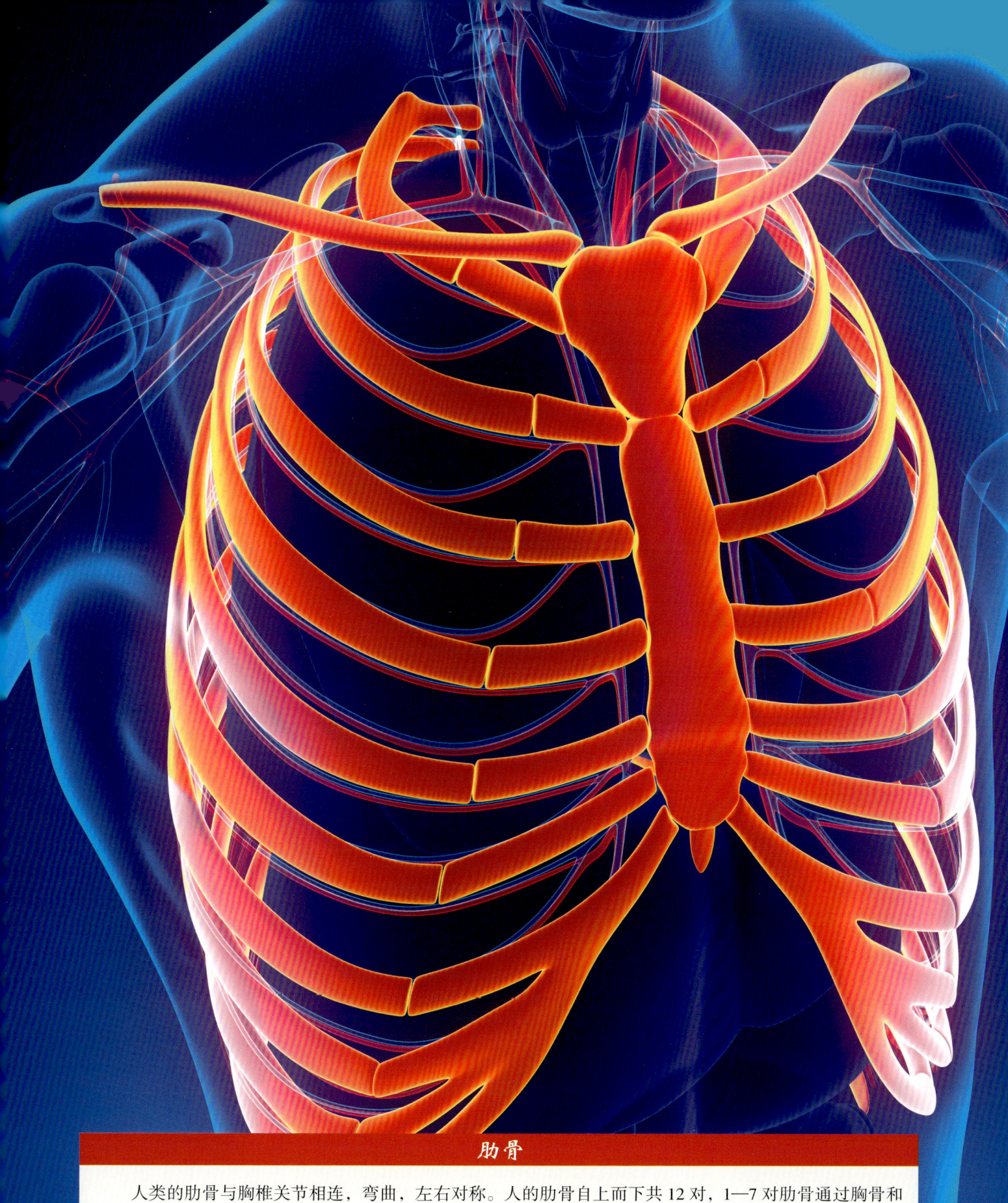

肋骨

　　人类的肋骨与胸椎关节相连，弯曲，左右对称。人的肋骨自上而下共 12 对，1—7 对肋骨通过胸骨和软骨连接在一起，我们称之为"真肋"；其余的肋骨被称为"假肋"。其中 8—10 对肋骨通过软骨连接，形成肋弓。11—12 对肋骨不相连，被称为"浮肋"。

手骨和足骨

手骨包括指骨和掌骨，解剖学中，也包括腕骨，运动灵活。手部骨骼数量约占到了人体骨骼总数的 25%。足骨包括前足、中足和后足，可支撑人体直立，完成行走、跳跃、落地等动作。

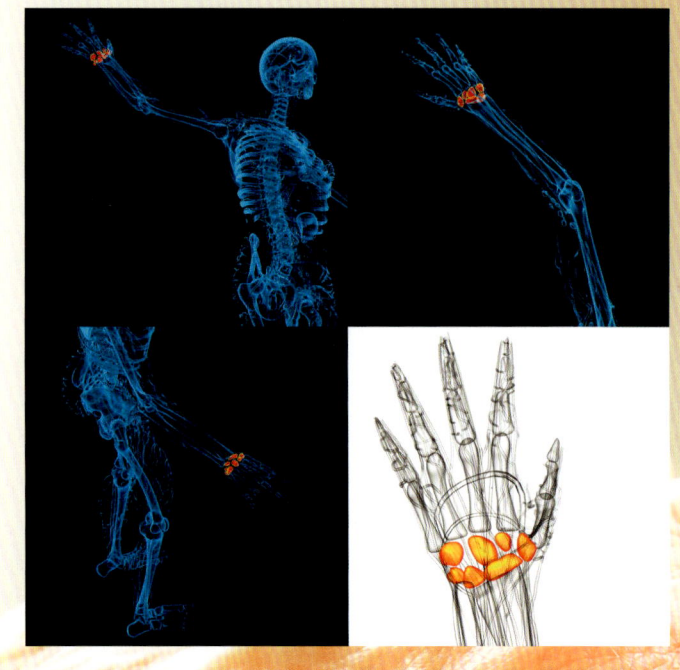

手骨和腕骨

人有 5 块掌骨，掌骨一端与指骨连接。拇指有 2 节指骨，其余手指各 3 节指骨。掌骨的另一端是腕骨，腕骨呈 2 列，每列 4 块腕骨，将手与手臂相连。手部骨骼很多，共由 50 多块肌肉带动，其中一部分是手骨之间的肌肉，一部分则由前臂延伸而来。这些肌肉共同实现手部灵活精细的行动。

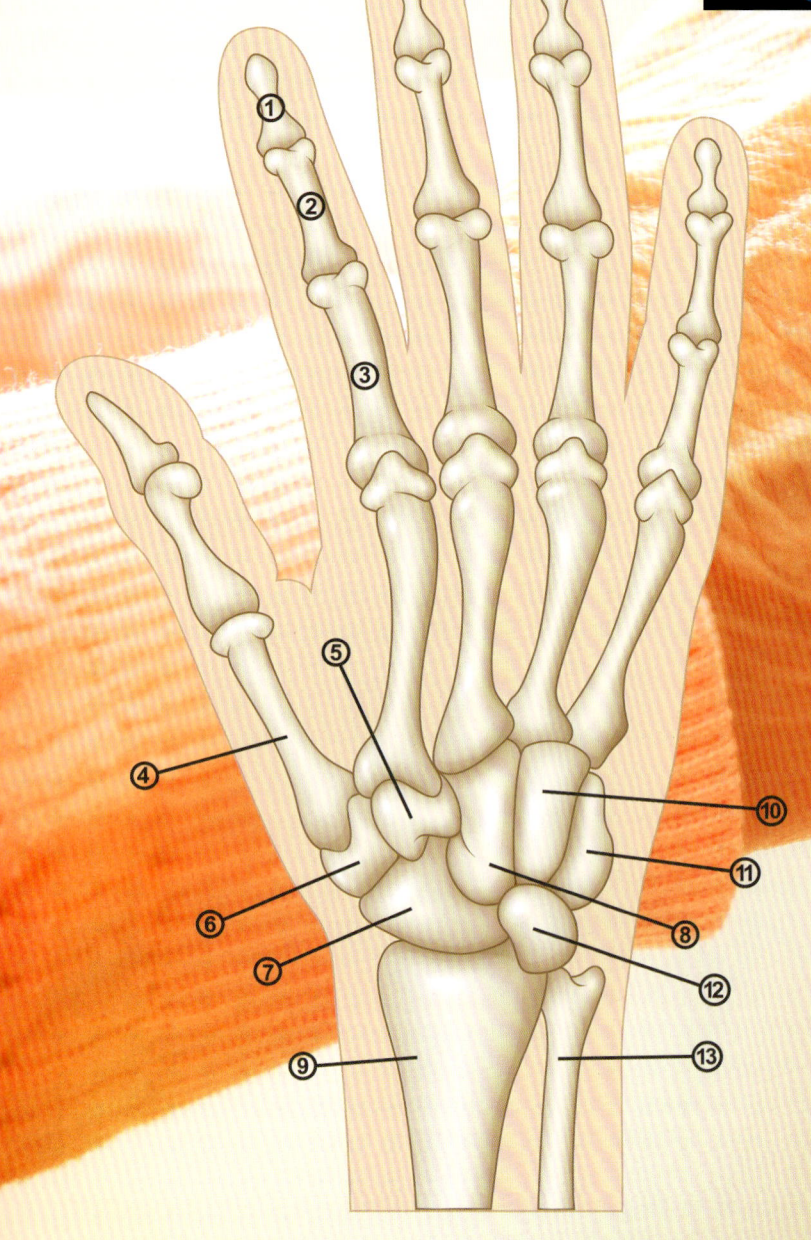

①远端趾骨
②中间趾骨
③近端趾骨
④掌骨
⑤梯形骨
⑥梯形骨
⑦舟状骨
⑧头骨
⑨桡骨
⑩钩骨
⑪三角骨
⑫月状骨
⑬尺骨

足骨和跖骨

人的足部组成与手部类似，脚底有 5 块跖骨，分别连接 5 根脚趾。脚拇指有 2 节指骨，其余的有 3 节。足骨另一端与跗骨相连，跗骨共 7 块。脚的跟骨形成跟骨结节，即为我们的脚跟。脚负责承重和支撑身体直立，因此结构粗壮稳定，灵活性较差。

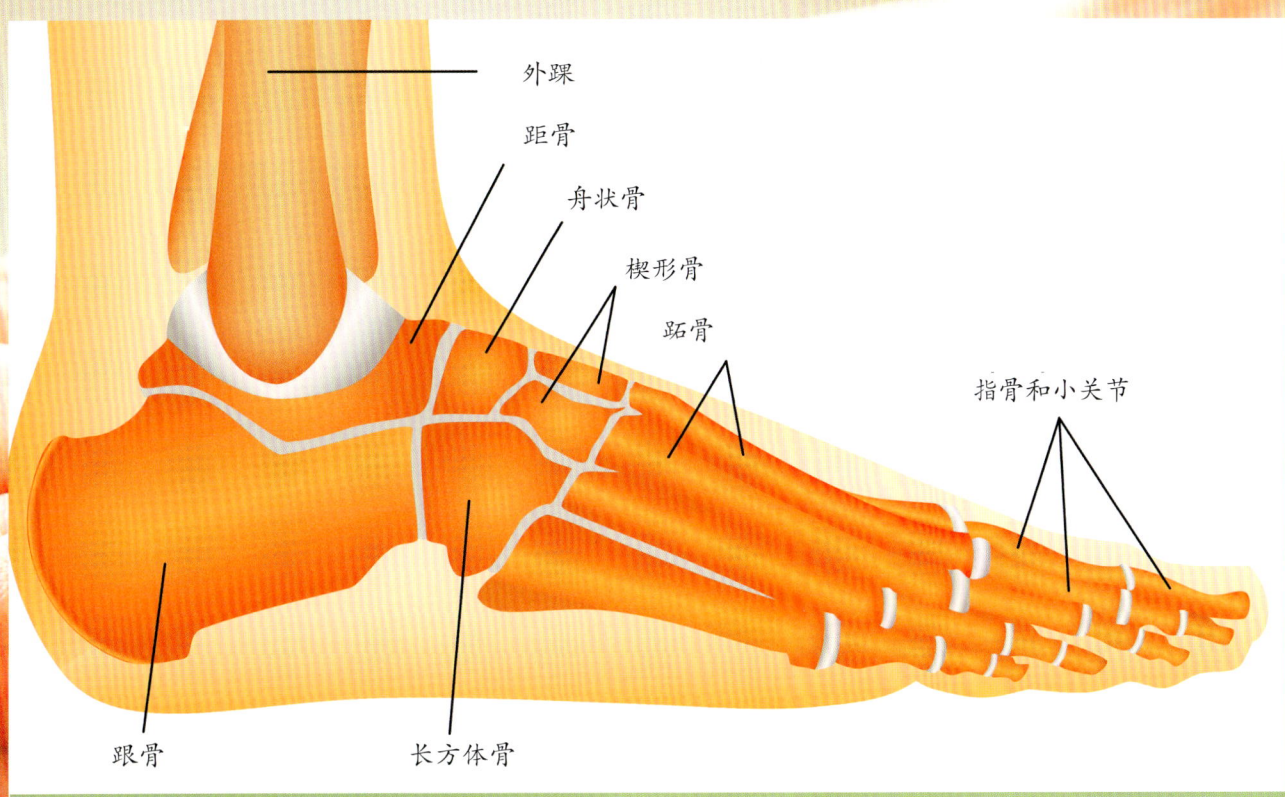

外踝
距骨
舟状骨
楔形骨
跖骨
指骨和小关节
跟骨
长方体骨

行走

人在行走时，一只脚抬起，向前迈步。留在原地的脚承受身体重量，重心随着抬起的脚前移。脚落地时，大都足跟先落，然后是足弓、足尖。当重力偏移到落地脚上时，该脚的足弓就会因受力被微微下压，再将力传送给脚掌、脚趾。

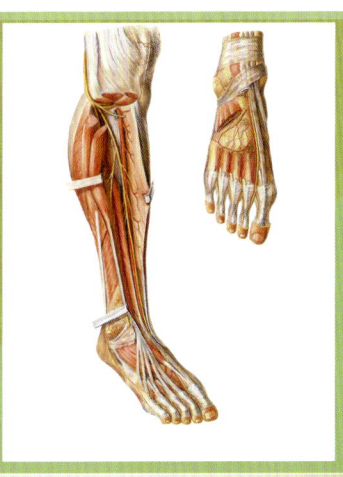
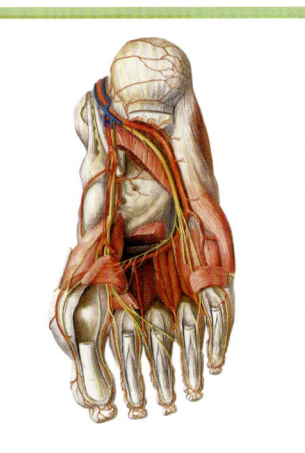

足骨连接物

人体的足骨关节通过一些纤维组织连接在一起，这些纤维组织有很强的韧性，被称为"韧带"。韧带可以协助关节的活动，也可在关节受到大力作用时保护足骨和关节不受损伤。

肌肉系统

肌肉

人体可以自由活动，是骨骼在肌肉的牵引下实现的。肌肉是肉质组织，可将吸收的能量转化为动能，带动骨骼做出动作。部分肌肉的动作受大脑意识控制，如人体的手、脚、腿、眼眶等部位的肌肉，在人拿东西、走路、看书等情况下就会受到人的意识的支配。也有一些肌肉的活动是为了维持生命体的活动自发运动的，如站立或入睡时呼吸等局部肌肉的反应。

肌肉的存在形式

人体的肌肉非常多，大小不一，分布不均。标准的成年男性，身体肌肉可达 640 块，肌肉质量占身体总重量的 40% 左右。女性肌肉数量与男性相同，但肌肉不如男性发达。肌肉一般都生长于两个关节之间，中间部位粗，两端逐渐细化成纤维肌腱依附在骨骼上。部分肌肉可分散附着在不同的骨骼上。

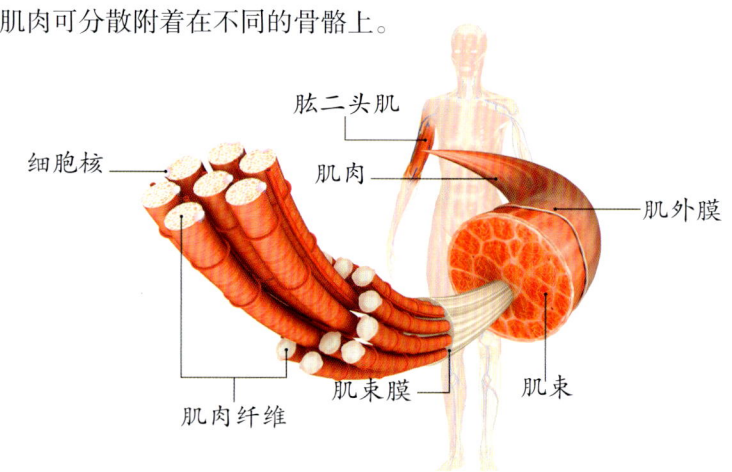

肌原纤维

肌原纤维是横纹肌中长的、直径约 1 微米的圆柱形结构，是骨骼细胞的收缩单位。许多的肌原纤维聚集成肌纤维，构成肌肉组织。肌原纤维由肌动蛋白和肌球蛋白组成。肌动蛋白与肌球蛋白互相摩擦、滑动引起肌原纤维收缩，进而产生肌肉活动。每条肌原纤维上都有明暗相间的带，各条肌原纤维上的明带和暗带都准确地排列在同一平面上，因而构成了肌纤维明暗相间的周期性横纹。

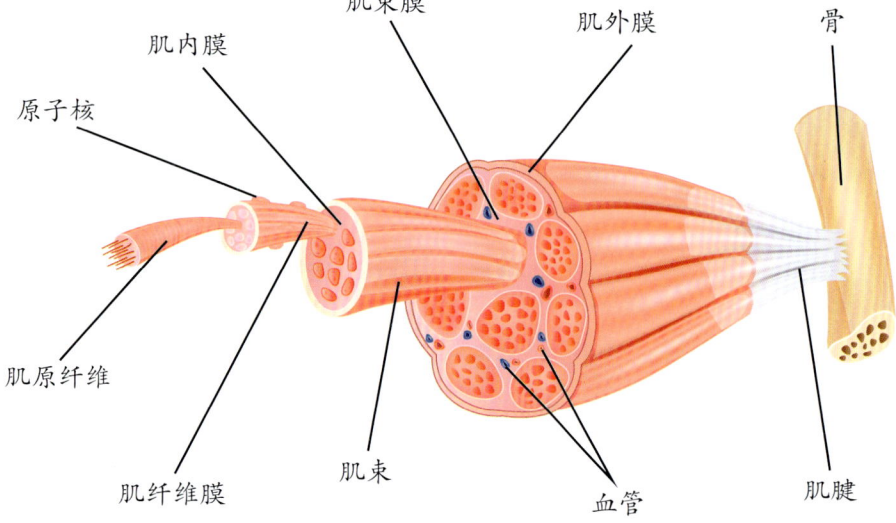

运动生热

肌肉在运动的过程中会消耗能量，释放热量。肌肉的收缩越强烈，释放的热能越多。人体在运动时，各个身体部分产生的热量都不相同，活动越剧烈的部位，温度越高，散发的热量越多。如走路时的手臂和腿部等，这些热量一部分直接通过皮肤散失掉，还有一些会流向更易散热的面部进行散发。因此运动后，人们经常面部红润。

肌组织

人类的肌根据作用和活动方式不同可分为3个组织类型。人们生活中最常提及的肌是骨骼肌，主要作用是连接骨骼，可根据人的意识随意产生运动，为横纹肌，也称"随意肌"；另一种是平滑肌，主要在呼吸道、消化道、血管等管壁上，不受人的意识支配，自主收缩，因此也称"非随意肌"；还有一种肌组织位于心脏壁上，被称为"心肌"。

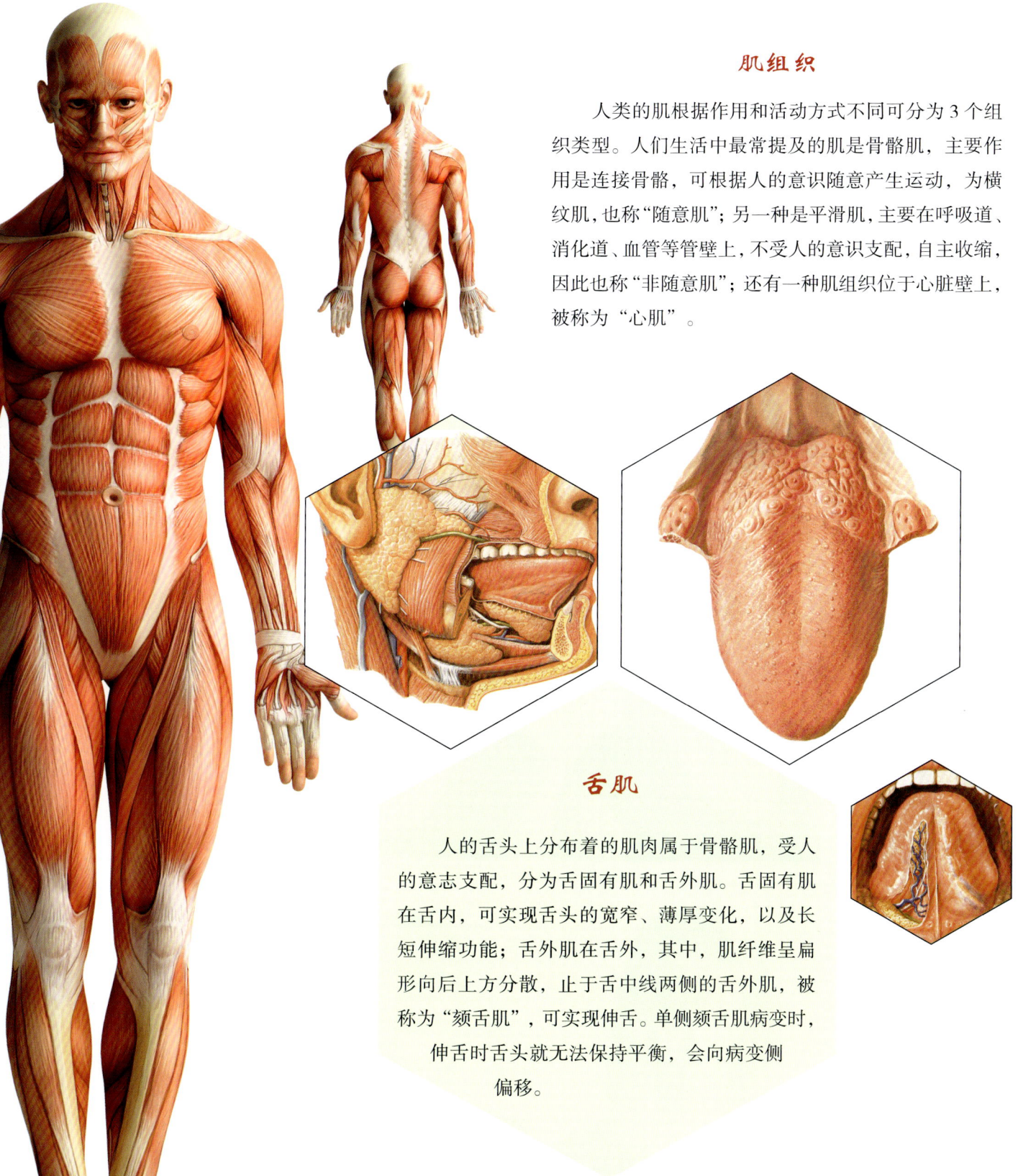

舌肌

人的舌头上分布着的肌肉属于骨骼肌，受人的意志支配，分为舌固有肌和舌外肌。舌固有肌在舌内，可实现舌头的宽窄、薄厚变化，以及长短伸缩功能；舌外肌在舌外，其中，肌纤维呈扁形向后上方分散，止于舌中线两侧的舌外肌，被称为"颏舌肌"，可实现伸舌。单侧颏舌肌病变时，伸舌时舌头就无法保持平衡，会向病变侧偏移。

头部、面部、颈部肌肉

人的头部运动需要头部、面部以及颈部肌肉协同作用才能实现。这些部位因为运动灵活,其肌肉组成和构造就比较复杂,肌肉发达程度也很高,不仅可以实现头部运动,还可以形成各种表情,以表达不同的情绪。

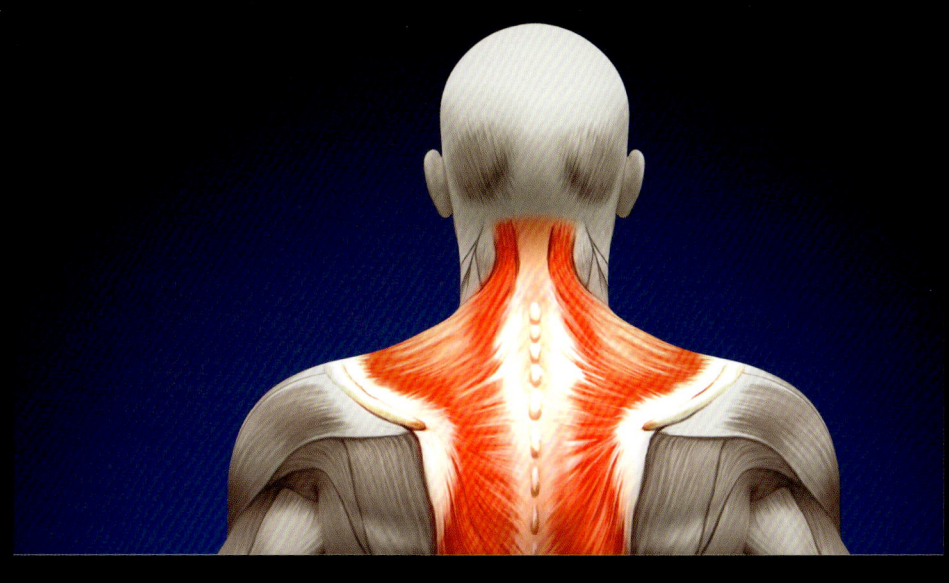

头肌和颈肌

成年人的头部重量约为5千克，由脊椎支撑。一些作用力稳定的肌肉从背部、颈部、肩部延伸至头部，起到固定头部，控制头部的上下、左右旋转运动的作用。头部和颈部的肌肉与面部肌肉在人意识的支配下协调动作，实现表情的表达及动作的完成。

人头部神情与动作的实现

人的大部分情绪都从面部传达出来，可以通过直接的语言，也可通过细微的表情变化。人的头部和颈部肌肉十分精细。嘴唇周围的啮合肌的收缩可实现吃饭喝水的需要，可以协助发音说话，还可以做出一些表情；眼周肌的收缩可实现睁眼、闭眼以及眼球的活动；鼻孔周围的肌肉可控制呼吸。赞同或否定时，颈部肌肉的收缩可以实现点头或摇头动作，而疑惑时，会自觉扬起下颚。

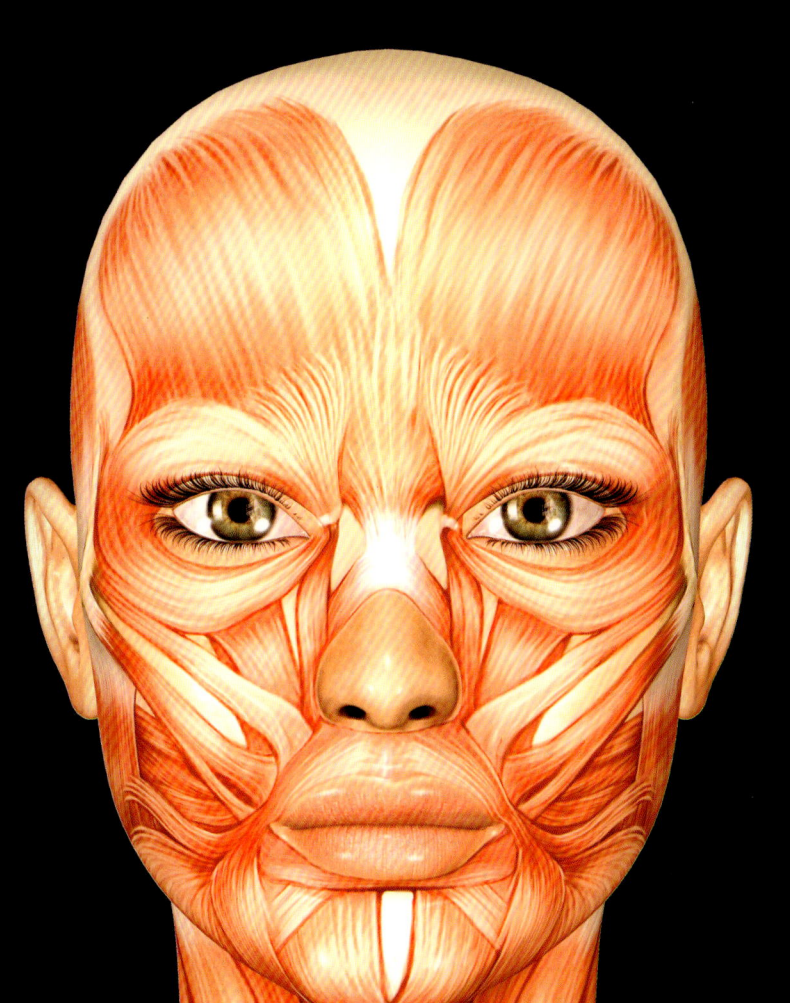

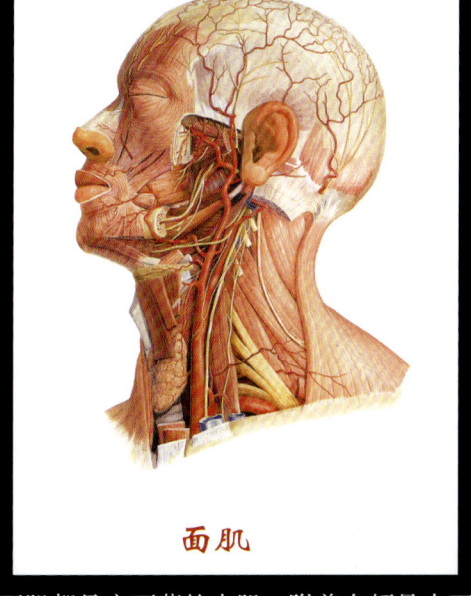

面肌

面肌都是扁而薄的皮肌，附着在颅骨表面，主要分布在眼部、口部和鼻子四周。面肌的一侧会深入深层皮肤，减少肌肉收缩幅度，带动面部表情，表现各种情绪。人体面部表情都由面部神经带动面部肌肉产生，一旦面部神经受损，面部表情就会僵硬。一些面部疾病还会引起面瘫。

肌和肌腱

肌可进行收缩和拉伸，在此过程中，肌肉可带动一些骨骼动作，进而完成人类的各种机体活动。

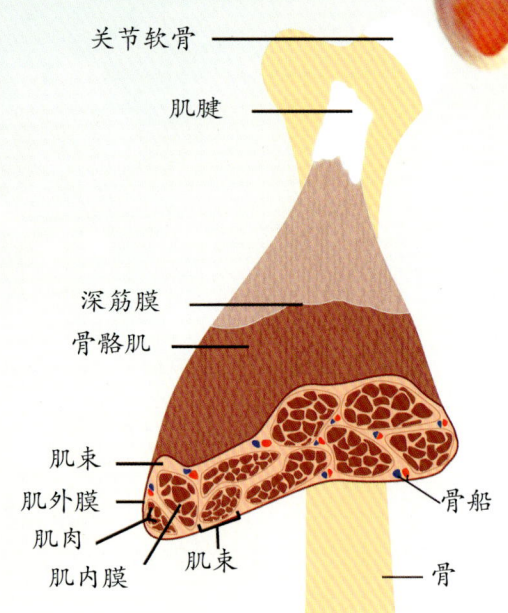

肌的结构

骨骼肌是横纹肌，由致密、狭长的肌纤维组成，典型的肌纤维直径为 0.05 毫米左右，长 2—3 厘米。肌纤维由肌原纤维组成，肌原纤维主要包括粗肌丝和细肌丝，主要成分为肌球蛋白和肌动蛋白。日常活动中，毛细血管中携带的氧气和葡萄糖会通过血液送达各个肌肉组织，为肌肉活动提供能量来源。

肌的工作原理

肌纤维中有很细的纤维，被称为肌丝。肌丝会产生滑动，滑动的肌丝引起肌纤维的收缩和松弛，进而引起肌束活动以及整块肌肉的收缩。然后，收缩的肌肉通过肌腱拉动骨骼，产生身体动作。如手臂上的肌肉，在肌丝滑动的作用下，可实现旋转、弯曲、伸长等。

抽筋

抽筋不受人的大脑支配，是肌肉受到强烈刺激而发生的持续的收缩痉挛现象。抽筋时，抽筋部位会突发持续的疼痛感，短暂的抽筋大都无生命危险。抽筋时，肌肉张力亢进，长时间紧张无法放松下来。一般小腿和脚趾的肌肉痉挛最常见，主要由血管压迫、缺钙、受凉等原因引起，可通过热敷、按摩等方式进行缓解。

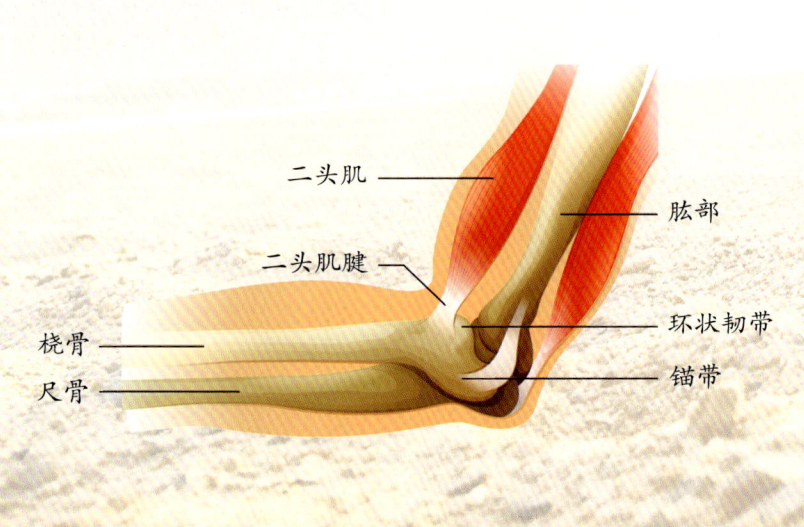

肌肉的能量来源

人体的肌肉数量是固定的，但肌肉强度却取决于锻炼程度，经常得到锻炼的肌肉会比较发达。在锻炼过程中，适当的能量补充必不可少。蛋白质是形成肌肉的原料，因此应多食用含蛋白质较高的食物，如鱼、蛋、肉等。碳水化合物为机体提供必要的能量来源，主食是必不可少的，如米饭、糕点等。均衡的食物供给为锻炼肌肉提供能量。

锻炼的好处

经常锻炼可加强血液循环，增强人体抵抗力，使得身体更加灵活、强壮，反应能力得到提高，代谢增快，有利于清除沉积在体内的毒素和垃圾，还可以放松情绪。锻炼身体的方式很多，如散步、跑步、做操、游泳、骑车、滑冰、爬山等。

肌和肌腱的疾病

日常生活中，过度劳累或者突然的牵扯、旋转等会造成肌以及肌腱损伤，这种疾病通常发生在体育运动中，一些意外事故也会导致这种情况。超长的重复性劳动同样会造成肌和肌腱的损伤。

肌扭伤和撕裂

"肌扭伤"是一种术语，用于描述中等程度肌纤维软组织损伤，这种现象一般是由于猛然发力造成的。肌内的少量出血也不容忽视，会造成触痛、肿胀，导致淤青出现，并伴有痉挛性疼痛或者挛缩。当大量肌纤维产生撕裂或者断裂的现象时，就称为"肌撕裂"。肌撕裂会引起强烈的疼痛和肿胀。常用的治疗方法是理疗、休息和抗炎治疗等。也有个别病例需要外科手术才能修复。

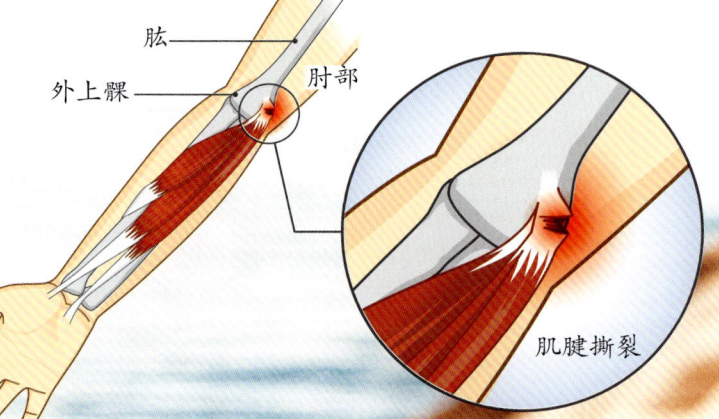

腱炎和腱鞘炎

剧烈运动或者反复运动时，会造成肌腱表面和临近骨之间摩擦过度，从而引起腱炎。比如在一些使用球拍的运动中，不停地反复抬臂，会使冈上肌和肩胛骨肩峰产生过度摩擦，引起腱炎。反复运动和过度的牵拉，都有可能导致包裹肌腱的鞘膜发生炎症，这种炎症称为"腱鞘炎"。腱炎和腱鞘炎可同时发生，也可表现为一些重复张力性损伤疾病的一部分。

肌腱断裂

肌腱断裂的原因主要是体育运动和抬举重物。上臂的肱二头肌腱和大腿前方的股四头肌腱，都是容易产生肌腱断裂的部位。如果猛然把指尖弯向手掌，就会造成手背部的伸肌腱断裂。一些严重的病例显示，肌腱还会从骨上被撕脱，如跟腱撕裂。足跟长肌腱将小腿肌和跟骨相连，如果突然发力，就会引起断裂，治疗时必须进行外科手术，再用石膏固定。

腕管综合征

腕管是由腕横韧带和腕骨组成的狭窄通道，在人的腕部。腕管综合征简称"CTS"，其病理基础是腕管内的正中神经周围组织肿胀导致正中神经在腕管内受卡压。怀孕、腕关节损伤、糖尿病、风湿性关节炎和反复运动都有可能成为腕管综合征的病因。

神经系统

神经系统分布

神经系统分布在人体的各个部分,由各个组成复杂的神经细胞群构成,受大脑给出的信号支配。大脑发出指令后,相应部位的神经细胞群就会接收到信号,聚拢在一起,形成束状,进行信息的传递,实现对活动的控制。

神经系统的作用

人体组成复杂,功能强大多变,许多动作不是某个器官和组织能够单独完成的,而是需要各个系统协调完成。神经系统作为调节各个部位活动的系统,可实现各个器官之间的相互配合,使集体活动协调统一。神经系统除了接收大脑发来的信号以外,还可以感知环境变化,并将信息返回给大脑,以便大脑根据环境不断调整身体机能以适应外界变化。

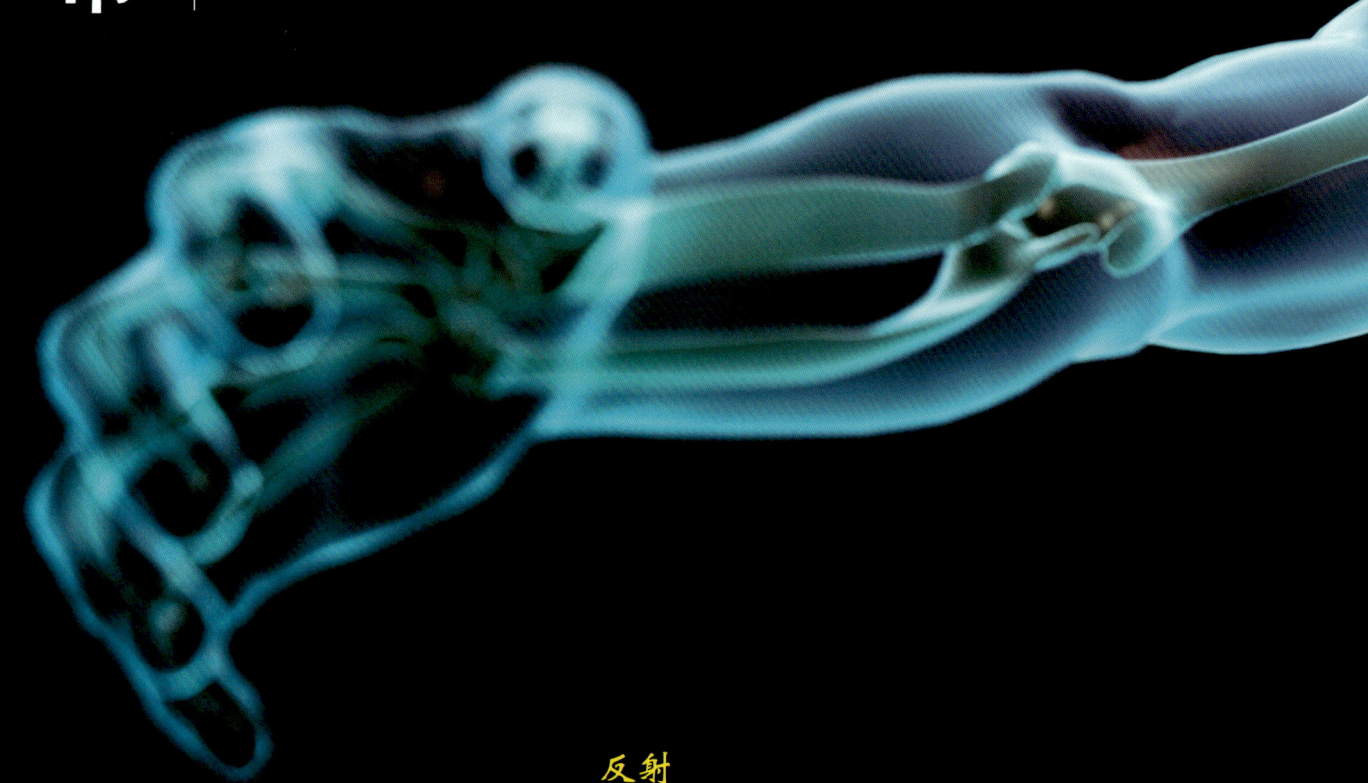

反射

神经系统的活动复杂,但都通过神经系统对身体内部或外部的刺激所产生的反射实现,而反射的主要形态通过反射弧实现。反射弧是实现反射活动的神经结构,其反射过程如下进行:信号从人体的感受器官传导给传入神经,传入神经再传导给神经中枢,最后经由传出神经传至效应器官。期间每一个环节都影响信号传递,只有在各个环节都顺利进行时才能实现完整反射。若某一环节出现问题,反射作用就会失真或消失。

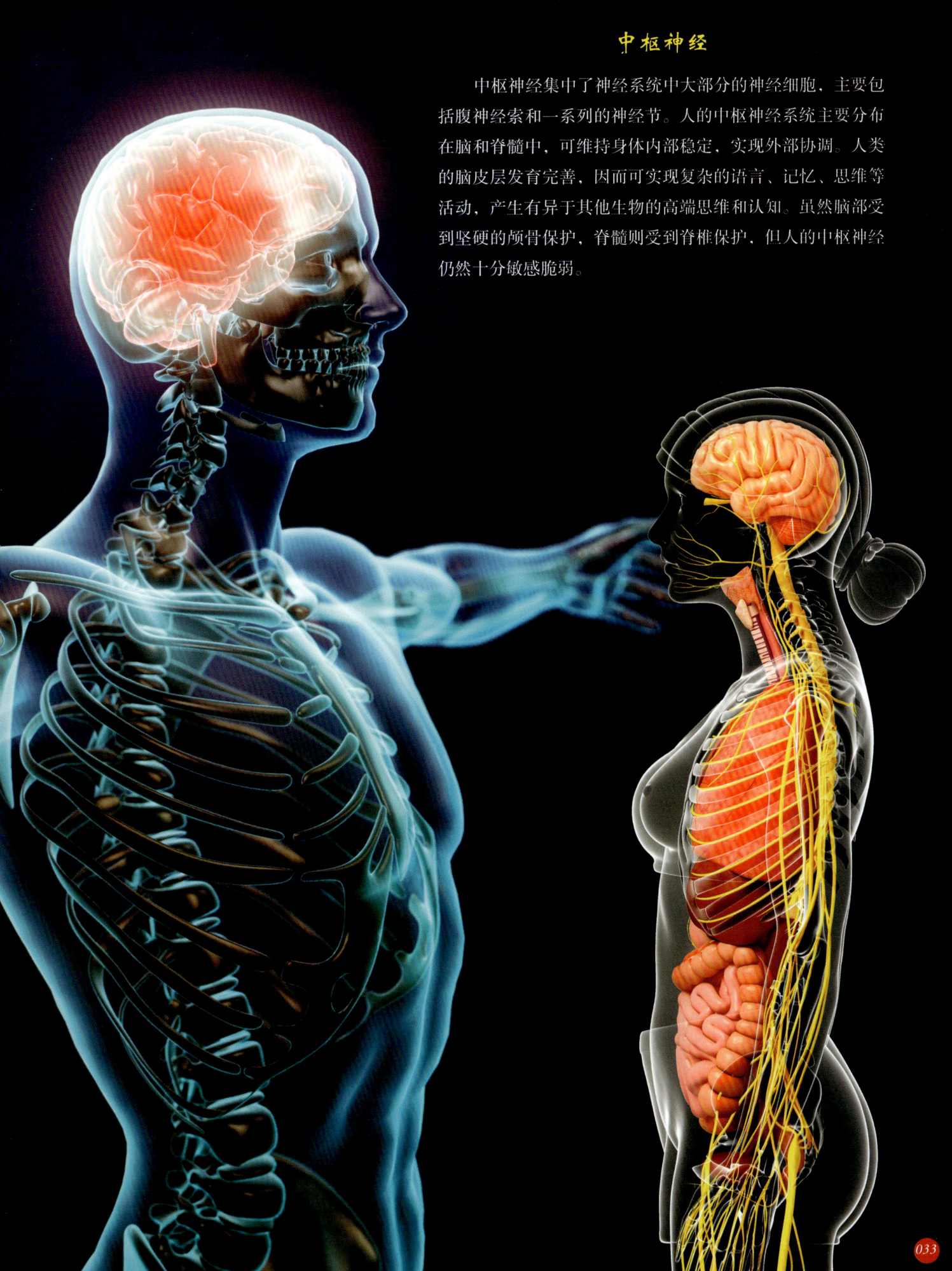

中枢神经

中枢神经集中了神经系统中大部分的神经细胞,主要包括腹神经索和一系列的神经节。人的中枢神经系统主要分布在脑和脊髓中,可维持身体内部稳定,实现外部协调。人类的脑皮层发育完善,因而可实现复杂的语言、记忆、思维等活动,产生有异于其他生物的高端思维和认知。虽然脑部受到坚硬的颅骨保护,脊髓则受到脊椎保护,但人的中枢神经仍然十分敏感脆弱。

神经元

神经系统是由一个个神经细胞组成的,这些细胞被称为"神经元"。神经元有独特的功能,在接收到上一级传来的信息后,会将信息转化为生物电和电位差,传导给神经系统中的下一个环节,进而实现信息的传播。

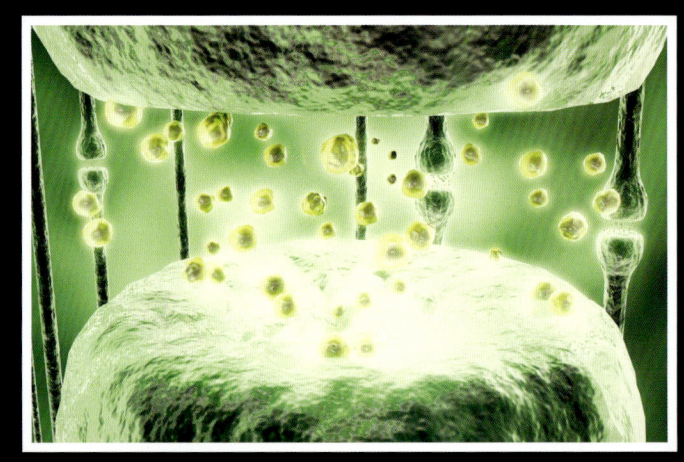

信号传播

为了实现全身各个部位的神经调节作用,神经细胞之间通过线状结构连接在一起。人体中遍布的这些线状结构相当于电线,将生物电信号一级一级传递下去,最终集中于中枢神经——脑或脊髓。人体存在着几十亿个神经细胞,将微小的神经元互相连接,可蔓延1米多长。人的神经中枢——脑,被神经细胞占了绝大部分。

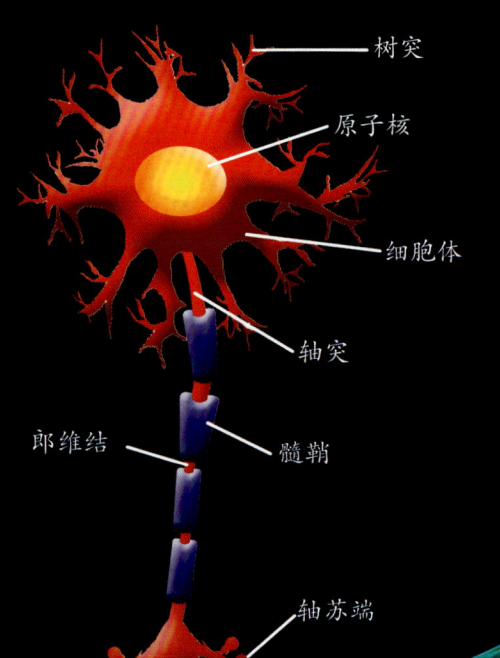

神经细胞

神经细胞的外形与普通细胞不同,它们表面存在很多凸起的细纤维。典型的神经细胞存在一条较粗的纤维,被称为"轴突",主要负责传递传出信号;细胞上还有许多很细的纤维,被称为"树突",负责传递传入信号。神经元都有突触,突触之间存在间隙时,间隙中是神经传递介质。当一个神经元的突触产生化学物质释放到间隙,神经传递介质就会激发另一个神经元产生新的信号,信号依此方式一级一级传递下去。

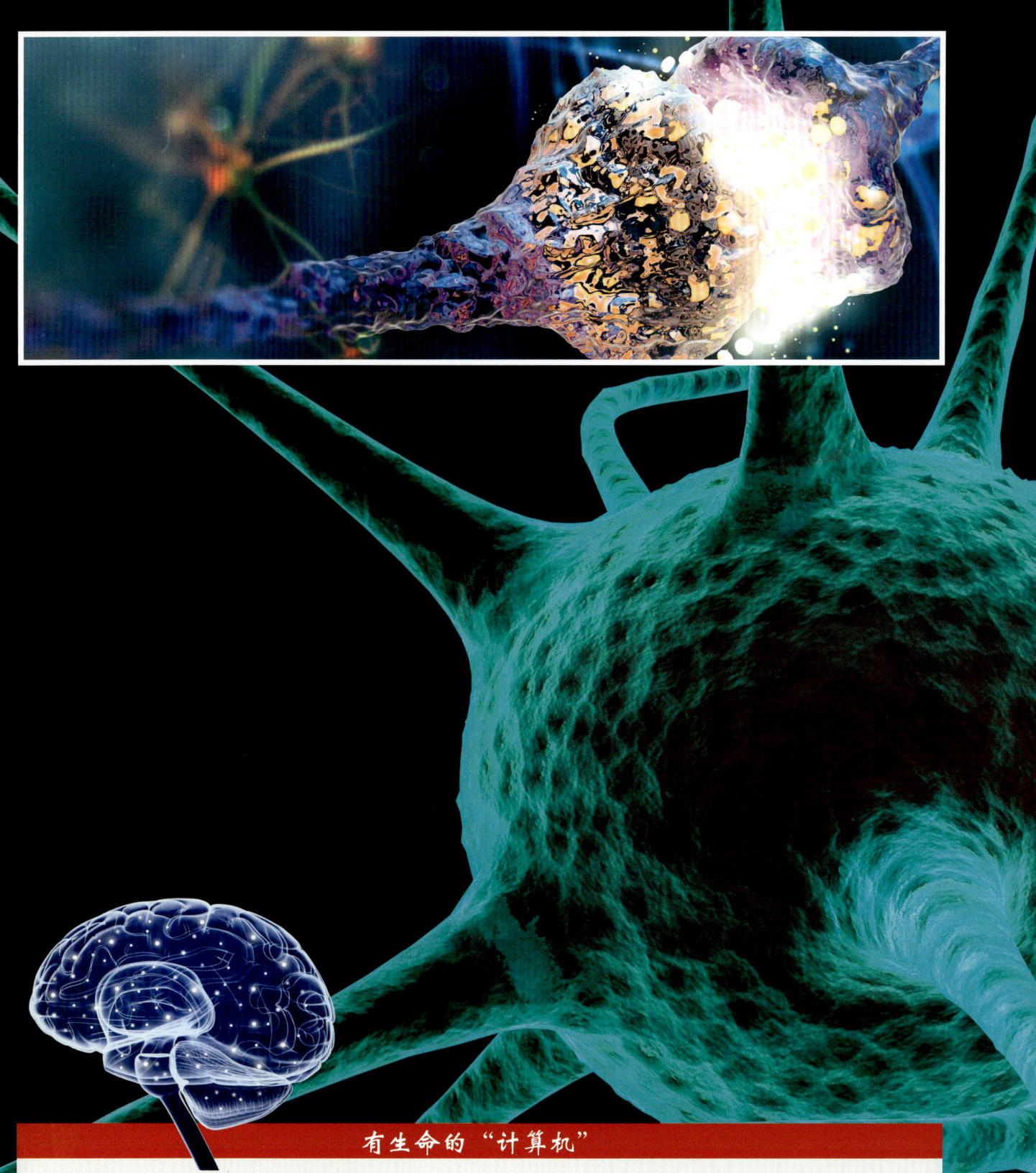

有生命的"计算机"

　　计算机因为其强大的运算处理功能与生物大脑相似而得名,可见人脑的思维能力之强。人的脑中存在着1000亿个神经元,每个神经元又通过10000个连接点与其他神经元相连。电脑是人类智慧的结晶,内部集成了数十亿个晶体管,但与人类庞大的神经系统和其可能产生的应变数量相比,计算机仍显得微不足道。

脑

脑是最神奇的器官，高等哺乳动物的脑尤其发达。脑中分布着大量神经细胞和神经纤维束，连接各个神经中枢。各个器官收集的信息会在这里汇集，经过精密的分析和处理，再传出信息，支配生物活动。

脑内组成

大脑是人体行动和意识的统帅，协调并支配着人的思维、语言、感知、行为。脑主要由端脑（大脑）、间脑、脑干、小脑组成，间隙内充满脑脊液。小脑作为副将辅佐大脑的活动，帮助人体维持平衡状态，协调身体活动。脑与人体的另一神经中枢——脊髓通过脑干相连，脑干也感知人体末梢神经的反射，支持人体活动的其他基础功能，如血液流通和心率等。

脑对手的控制

大脑是人体的神经中枢，分为语言中枢、运动中枢、视觉中枢等。其中，人的手脚活动是受运动中枢的指令支配的。人的左右手功能和组成完全一致，但在日常使用时能力却有所差别，这是由于使用频率导致的。人体右手受到左脑支配，左手受到右脑支配，经常使用的一侧受到更多的锻炼，因此功能更强。

灰质

人脑中体积最大的是大脑，大脑表面布满褶皱。这些褶皱上分布着一层神经，被称为"大脑皮层"或"灰质"。这层薄薄的神经可以实现视觉、听觉、嗅觉等的感知，也可以进行信息处理、思考、想象拓展，还可以储存记忆，并发出信号控制身体的活动。人的高端思维几乎都在这一层完成，因此灰质对于人类尤其重要。

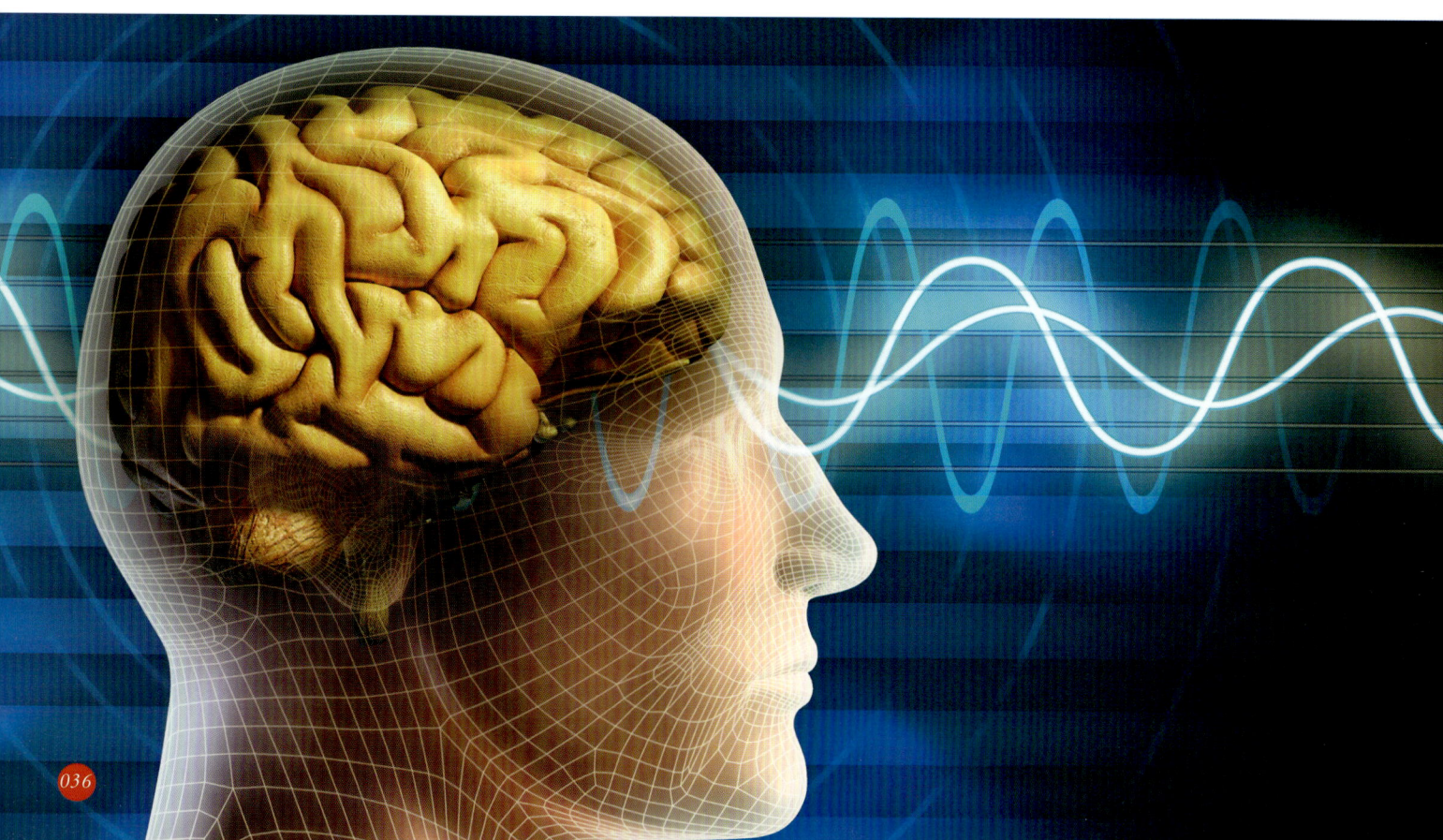

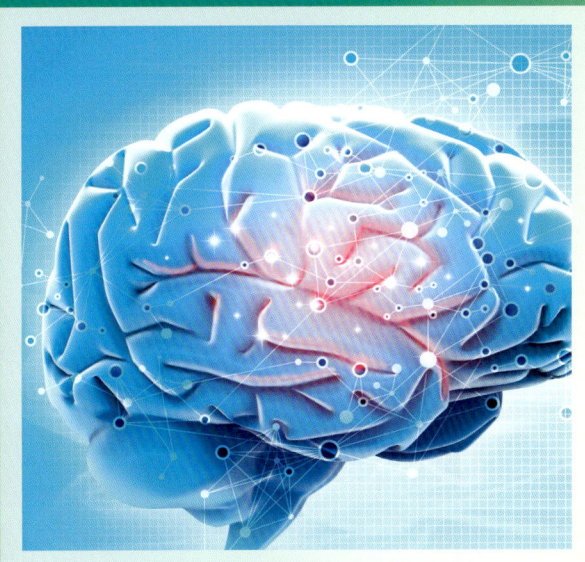

白质

脑表层的灰质下面有一层颜色较浅的物质，我们称之为"白质"。白质几乎填满了半个大脑。白质中密集分布着数百万条神经纤维，大量轴突和髓磷脂延伸到脑部的其他各个部位，通过电位变化实现灰质与其他脑部组成的信号传递功能。

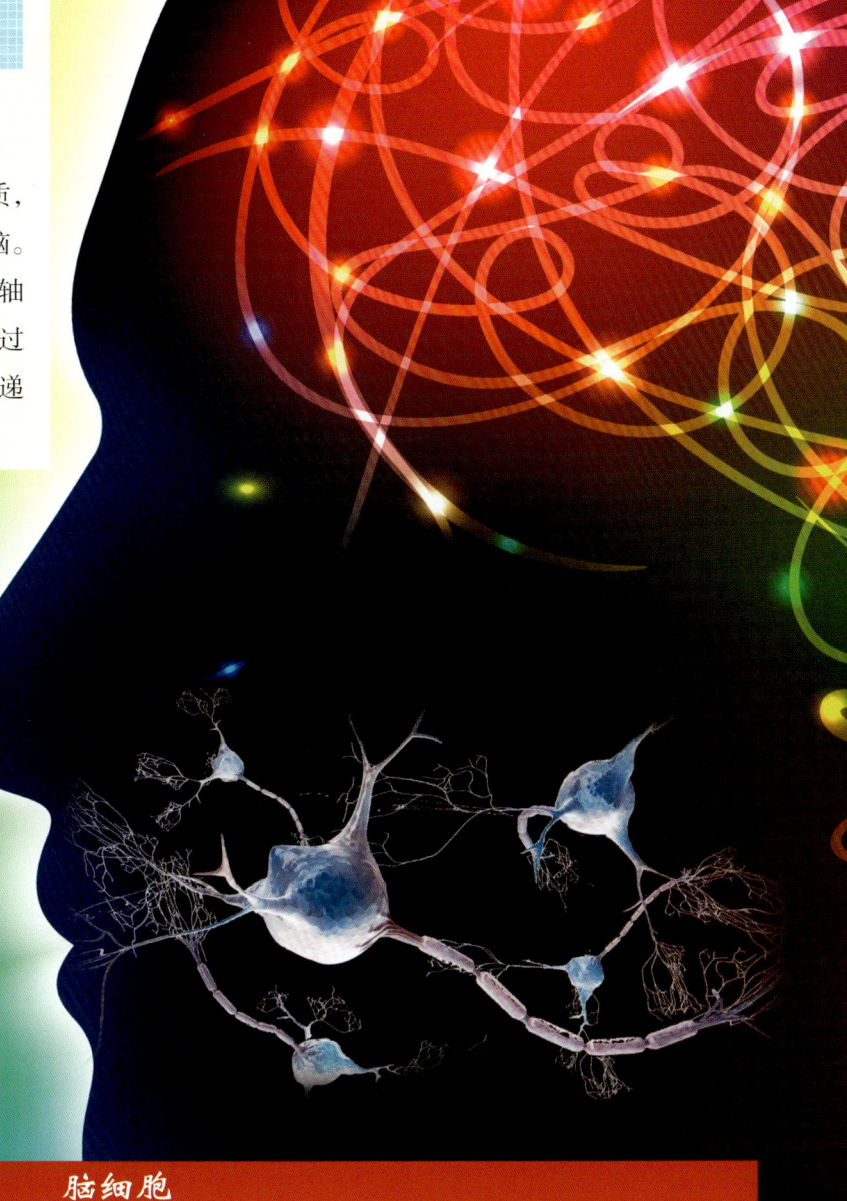

脑细胞

人脑细胞约有2000亿个，其中，约1000亿个细胞都是神经细胞，可通过电信号进行信息处理和传递，没有分裂能力。其余的是胶质细胞，主要负责保护和支撑神经细胞并为其提供营养支持。胶质细胞分为少突胶质细胞、星形胶质细胞、小胶质细胞，没有明确的树突和轴突，有分裂能力。

脊髓

脊髓是脊椎动物中枢神经的重要组成部分，是由脑部延伸出来的一部分神经组织，处于脊柱内部，受脊椎保护，两侧神经成对分布，延伸到四肢、内脏和体壁。脊髓内部也存在灰质和白质，依靠复杂的组织进行信息传递，主要实现传送脑与外周之间神经信息的功能。

脊神经

脊神经是脊髓向两侧延伸出的成对的神经组织。脊神经延伸到皮肤表面即可对环境进行感知，延伸到肌肉即可对行动进行控制，延伸到内脏器官即可对人体内部器官进行调节。脊髓没有脑的强大的信息处理能力，属于人体的低级神经中枢，主要实现末梢神经元与脑之间的信息传递功能。但其作用也十分重要，一旦脊椎受伤，很容易引起局部瘫痪或大小便失禁等病症。

信息通路

脊髓作为信息传递的集中区域，就好比交通中的主干道。一些分支和脊神经的信息都汇集到脊髓，一部分信息直接被反射和处理，一部分则传往大脑进行集中处理。脊髓可对局部肌肉和腺体受到的刺激直接作出反应，如被烫时，人体不需要很长的反射时间，会直接弹开，躲避危险。

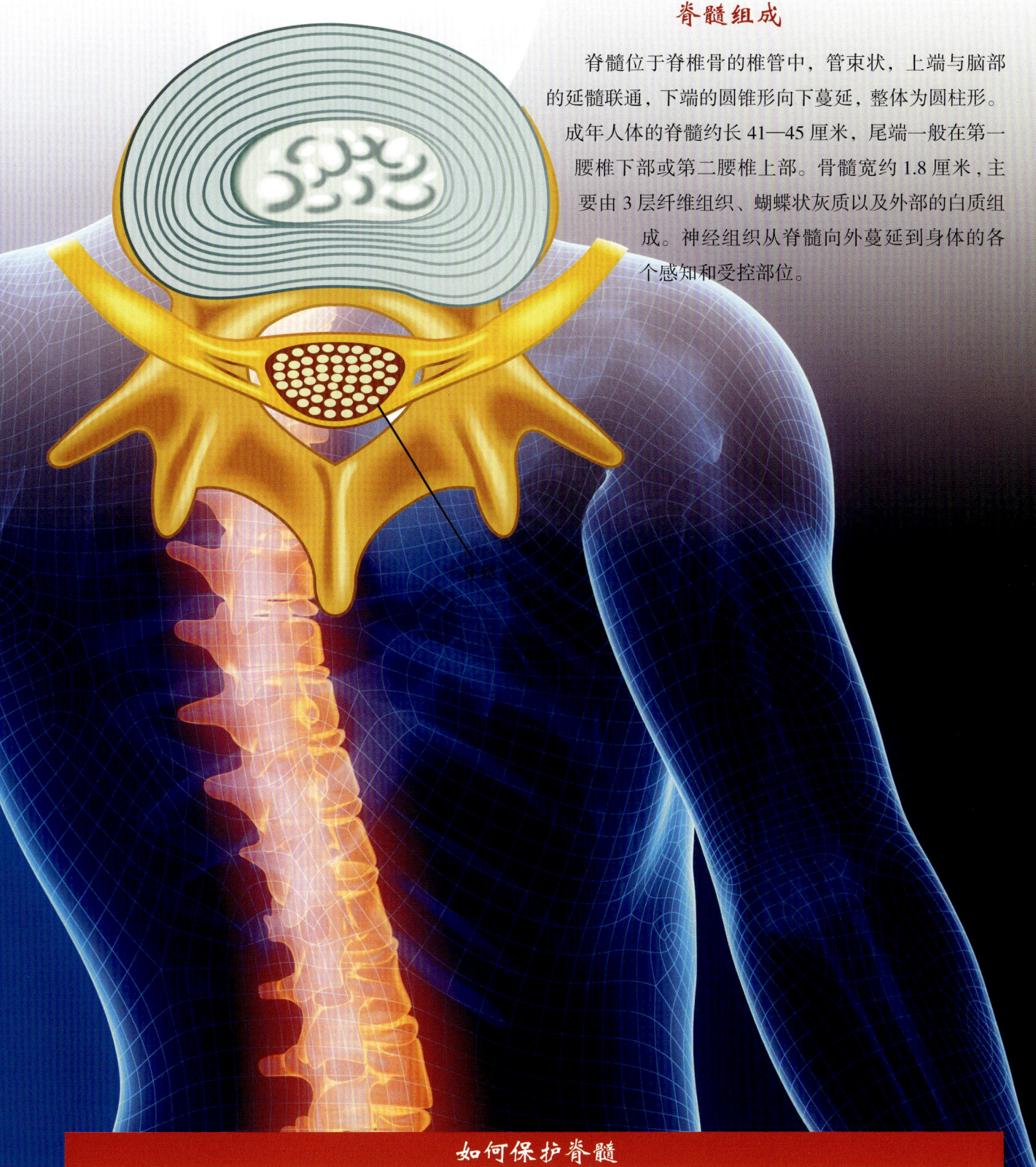

脊髓组成

脊髓位于脊椎骨的椎管中，管束状，上端与脑部的延髓联通，下端的圆锥形向下蔓延，整体为圆柱形。成年人体的脊髓约长41—45厘米，尾端一般在第一腰椎下部或第二腰椎上部。骨髓宽约1.8厘米，主要由3层纤维组织、蝴蝶状灰质以及外部的白质组成。神经组织从脊髓向外蔓延到身体的各个感知和受控部位。

如何保护脊髓

脊髓位于脊椎内部，人体的脊椎骨分为33块，通过韧带、关节椎间盘连接，人在直立行走时会使脊椎长期受重力作用影响，且有的人工作时长期保持某一种姿势不变，导致腰椎、颈椎疾病，严重时还会引起瘫痪。日常生活中，要尽量保持正确的坐卧姿势、及时补充钙类营养物质、适当做强健脊椎和肌肉的锻炼、尽量不超额负重、注意脊椎保护。

自主神经系统

脊椎动物的神经向末梢分化，不断发展，形成具有独立功能的神经系统，被称为"自主神经系统"，也称"植物性神经系统"，它主要受到交感神经和副交感神经的共同作用。自主神经系统与身体的器官、腺体、机体水分、盐分、脂肪、体温等都有关系。

人体自主意识

自主意识是不受大脑意识支配的意识活动。人体的内脏受到交感神经和副交感神经作用，可精密地调节活动强度。而结构上，传出神经分为中枢神经部分和神经节部分，前者位于脑部或脊髓中，被称为"节前神经元"。两者的树突和轴突互相作用，实现信息传达。肾上腺的髓质细胞没有突触，属于内分泌细胞。

应激反应

人体在受到突发的外界刺激时，机体器官会产生一系列的应激反应，肾上腺系统活动强烈，激素分泌旺盛，以适应环境的变化和有害刺激。例如在剧烈运动时，人会心跳加速，气管迅速扩张，体内糖分加速分解，以适应能量消耗情况；在寒冷时，皮肤毛孔关闭，血管和内脏收缩，以减少热量损失。许多应激反应还与人的心情有关，受到重大的心理创伤后也易发生应激反应。

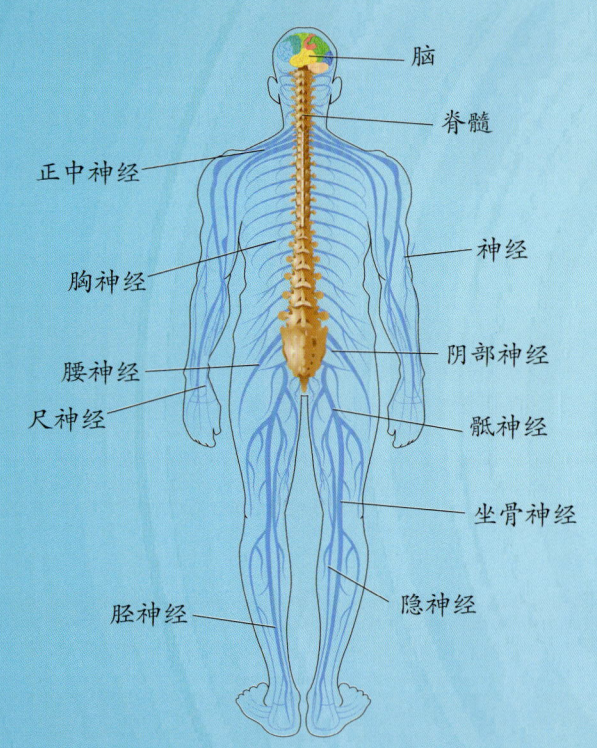

脑 / 脊髓 / 正中神经 / 神经 / 胸神经 / 阴部神经 / 腰神经 / 骶神经 / 尺神经 / 坐骨神经 / 胫神经 / 隐神经

深呼吸

人的呼吸可以自主控制，如深呼吸、加快呼吸。但人的日常呼吸是在自主神经系统控制下，无意识进行的。在紧张情况下或运动时，人体的代谢就会加快，需要更多的氧气供给，因而呼吸会不自觉地加速、加深。当人受到惊吓的时候，会不由自主地倒吸一口气，这也是肺部接收到自主神经发出的信号后产生的反应。

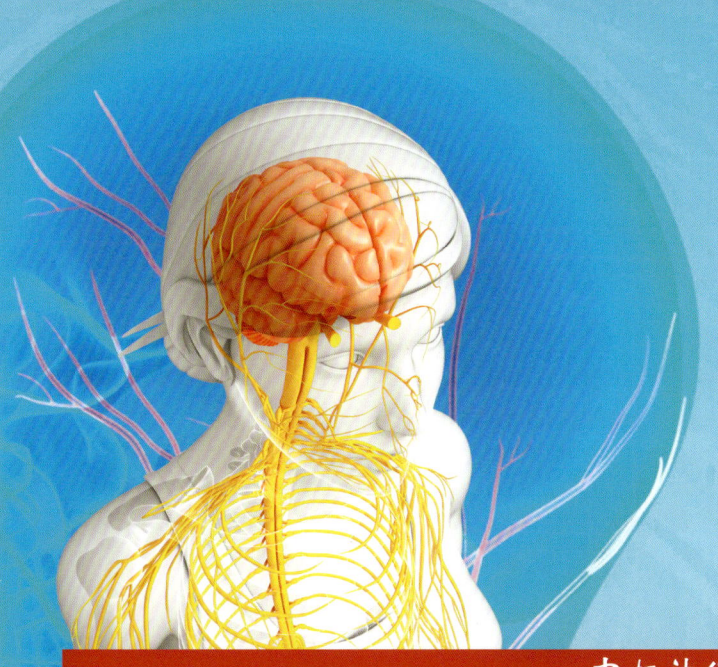

生物钟

人长时间在一定的时间做固定的一件事,就会不自主地形成"生物钟"。生物钟形成以后会成为人的一种不自主规律,不易改变。生物钟对人每天的活动影响很大,良好的生活习惯能形成适宜的生物钟,有助于人们适当地安排生活、工作,保持身体健康。

中枢神经范围

中枢神经系统是调节某一特定生理功能的神经元群,如呼吸中枢、体温调节中枢、语言中枢等。通常,一些简单的反射中枢范围较窄,如膝跳反射的中枢在腰部脊髓,角膜反射中枢在脑桥。但调节某一复杂生命活动的中枢,其范围却很广,如调节呼吸运动的中枢分散在延髓、脑桥、下丘脑以及大脑皮层等部位,而延髓呼吸中枢是基本的,其余各级中枢通过影响延髓呼吸中枢来调节呼吸运动。

美食诱惑

人的感知系统发达,一份美食放在面前时,视觉神经和嗅觉神经就会将感知到的信号传送到上一环节,人会不由自主地流口水。其实,人体的唾液24小时不停分泌,以维持口腔湿润灵活,但在感知到食物的时候,唾液腺就会不自觉地分泌出更多的口水,为吃到食物后的咀嚼、消化过程提前做好准备。

记忆神经

人的大脑发达，可以不断收集、储存信息，并对信息进行处理，一些事物只在脑海中停留短短几秒钟，有些则可以几十年不忘。人类的记忆可以锻炼，一件事情反复强调或在主观意识下加深记忆就可以延长记忆时间。我们在学习过程中通过这样的方法记住大量知识，在必要的时候提取需要的部分加以利用。

制造记忆

人脑中的种种信息都储存在细胞里。当一件事发生时，就会在脑中产生一定的反应，一些细胞产生一定强度的电信号，互相关联作用。一件事被想起的时候，那些曾经发生过反应的神经细胞就会被激发，关联网络会被启动，从而进行记忆提取。反复想起某个事件就意味着多次激发相同的神经细胞，这种关联性就会被反复加强，因此印象也会更深刻。

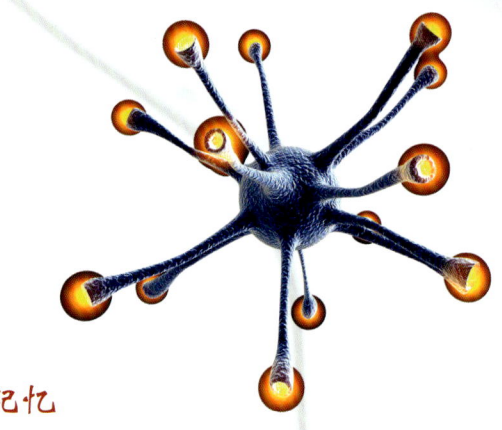

长期记忆

一些记忆给人留下了特殊的印象，就会被记录在脑海里，几年甚至几十年不忘，这样的记忆我们称为"长期记忆"。记忆的性质不同，刺激的脑部区域也不同，记忆因此会被储存在相应区域。能被人脑记得时间最长的是强烈的情绪反应，极度的快乐和悲伤都容易形成长期记忆，如亲人去世的重创、得到某件钟爱的事物时的欣喜等。

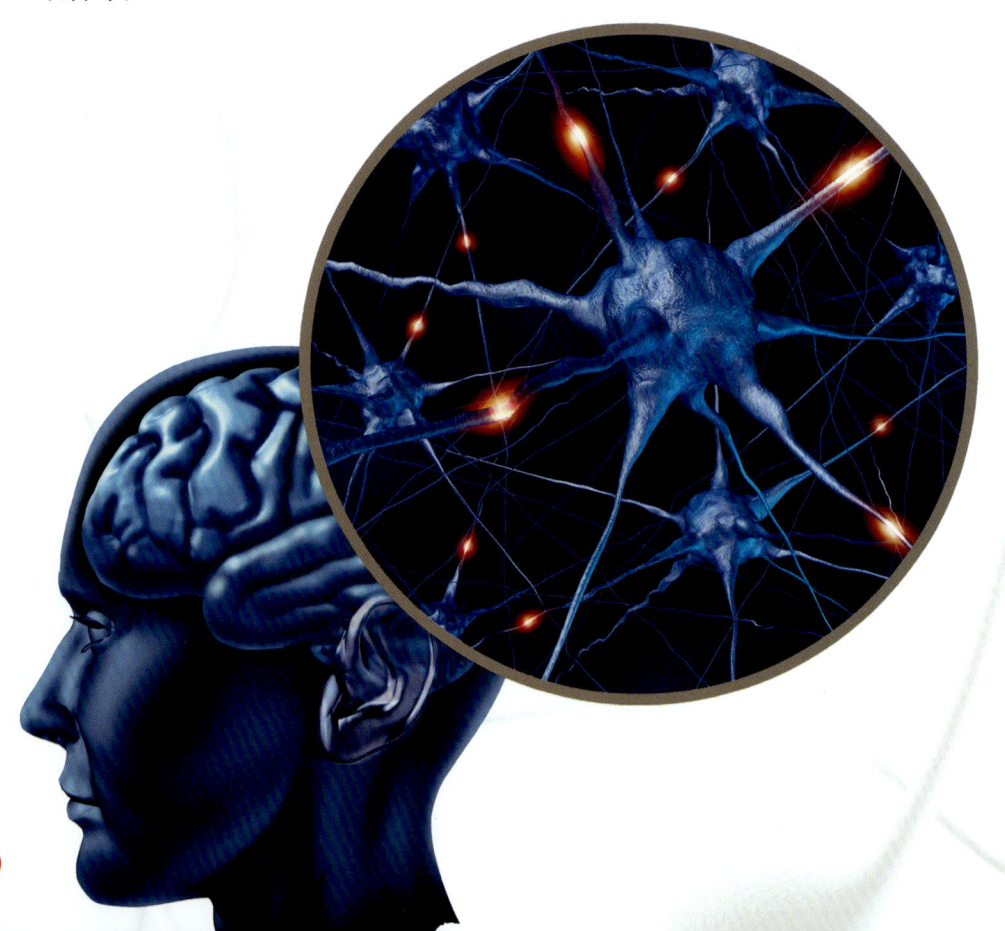

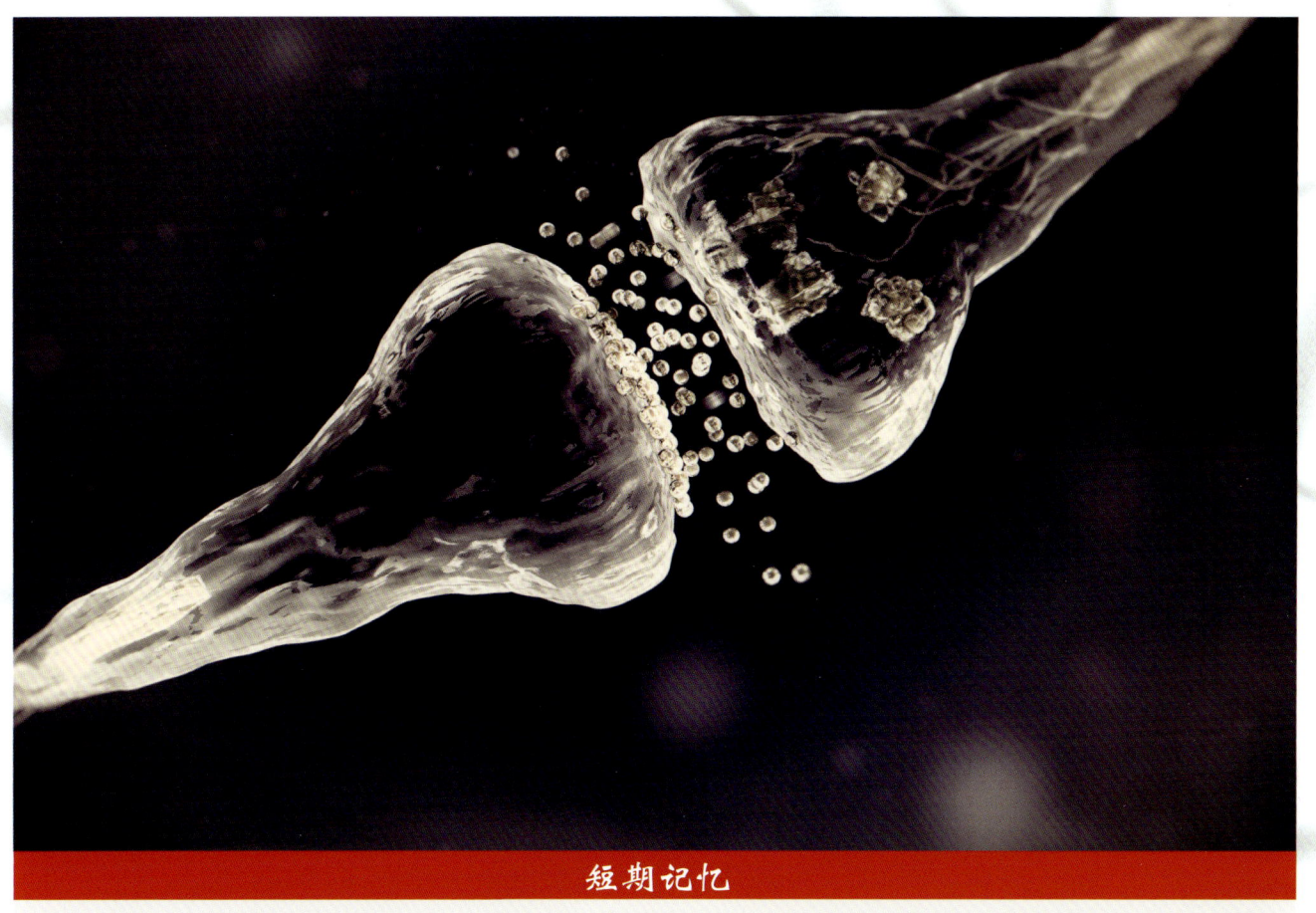

短期记忆

人每一分每一秒的经历都会被传送到大脑中，但一些记忆并没有在意识中留下深刻印象。人脑的储存能力有限，因此大部分记忆都不会被长期储存下来，记忆形成后几秒钟就会被人遗忘。在储存的短暂几秒时间里，若信息再次被提取，这些信息的记忆就会被加强，记忆期也会被延长；但若没有被提取，大脑就会视其为无用信息，自动消亡。

记忆匣子

任何记忆都不是由某个单独的神经元完成的，而是在多个组织协同作用下形成，因此记忆也储存在多个组织中。一些简单的记忆涉及的组织较少，复杂的记忆涉及的组织很多。人脑中，储存记忆的主要组织是颞叶和海马。

触觉

嗅觉、听觉等神经系统都由个别器官完成，但触觉神经遍布身体表面，每一寸皮肤都是触觉的感受器，皮肤会将撞击、触摸、温度、风力等一切可被神经系统感知的触觉转化为信号传输给中枢神经，及时判断面临的改变和危险，以支配相应的器官作出反应。人体的口鼻、手指区域分布的触觉神经最多，因此最为敏感。

气味

事实上，人类的嗅觉远不如一些动物灵敏。犬科动物通常以尿液等气味划分和标记活动领地，狼的幼崽甚至可以通过气味进行交流。一些嗅觉格外灵敏的犬类被训练成搜救犬等，它们能根据被搜索人员在沿途留下的稀薄气味判断其行踪。人类的嗅觉只能判断近距离、味道相对浓一些的味道，如婴儿可根据体味判断谁是自己的母亲。

触觉分类

人体的皮肤中分布着各种感受组织，其功能都是感知外界施与的神经刺激，并进行信息传递，但不同的感受细胞可以感知不同的触觉。如寒冷天气里，温觉感受器就会活跃起来；被撞击时，痛觉神经就会异常敏感；而有人碰触我们的时候，我们的触觉感受器就会给中枢神经传递信号。

盲人阅读

人的指尖集中了许多触觉神经，是人体最敏感的器官之一，轻微的碰触就可以感受到物体和变化。对于盲人，由于丧失了视觉，触觉神经格外重要。他们可以通过手感受纸张上印刷的凹凸不平的排列来识别内容，实现盲读。布莱尔盲文就是根据人的触觉习惯发明的，这种盲文将每个字母都以 6 个凸点表示，盲人在学习了其中的规律后就可以进行阅读。

痛觉

皮肤和一些末梢神经在机体受到伤害的时候，就会释放痛觉信号。这是一种传出信号，也是对危险的预警。如当人被一件物品刺伤的时候，迅速袭来的痛感会支配人丢掉物品，避免再受伤。而缓慢愈合的伤口的痛感则会反复刺激脑部神经，形成深刻的印象，让人有保护伤口的意识。

嗅觉

嗅觉主要由嗅觉神经系统和鼻三叉神经系统协同实现，是一种远感。脊椎动物的嗅觉器官是鼻子，鼻腔的嗅上皮中分布着嗅细胞，嗅细胞的轴突可实现嗅觉感知。嗅束呈球状，分布在大脑半球额叶下。嗅神经感知的信号传入嗅球和端脑进行信息处理，根据闻到的空气中含有什么味道，判断环境中存在的事物。

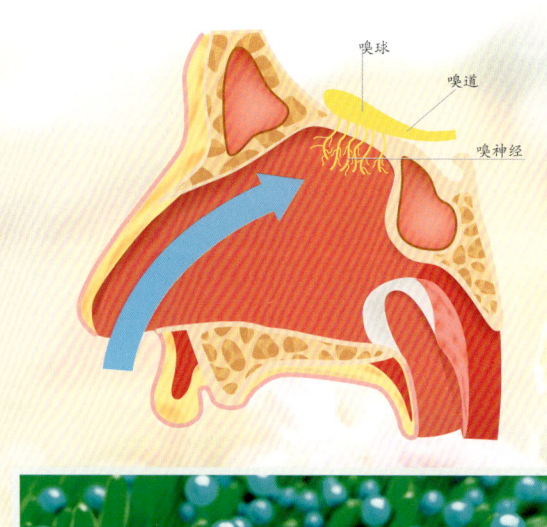

嗅纤毛

嗅细胞上分布着十几根纤细的毛。鼻腔中存在着稀薄的黏液，当空气被吸入鼻腔后，空气中的气味因子就会被黏液溶解，进而沾在嗅上皮和嗅纤毛上。嗅纤毛上分布着位点，不同的位点吸收不同的气味因子。当一种气味因子与相应的位点对应，感受器便将这一信号传输给大脑中枢神经，实现气味识别。

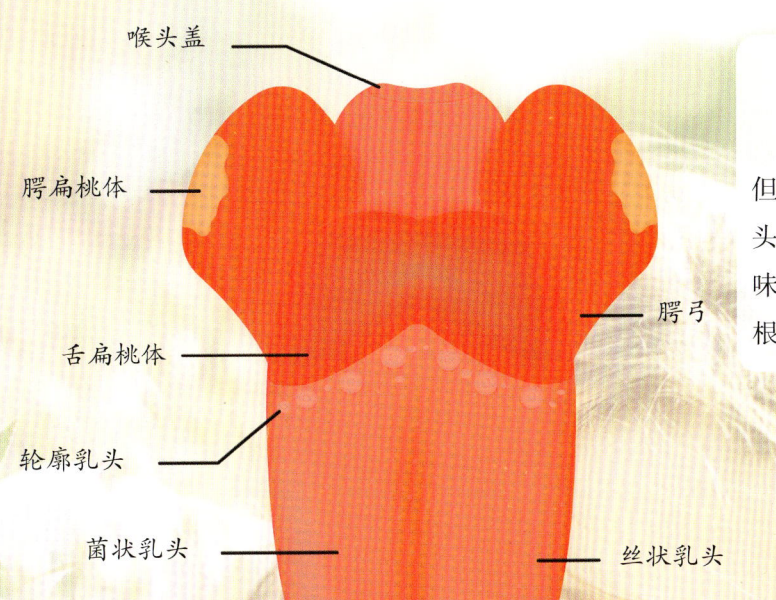

喉头盖
腭扁桃体
舌扁桃体
轮廓乳头
菌状乳头
腭弓
丝状乳头
中线凹槽

舌头上的味觉分布

舌头上不同类型的味蕾分布无明显差别，但不同部位感知味道的敏感程度并不相同。舌头两侧对于酸味较为敏感，舌尖则对甜味和咸味敏感。人们对于苦的反应慢一些，是因为舌根部对苦味更敏感。

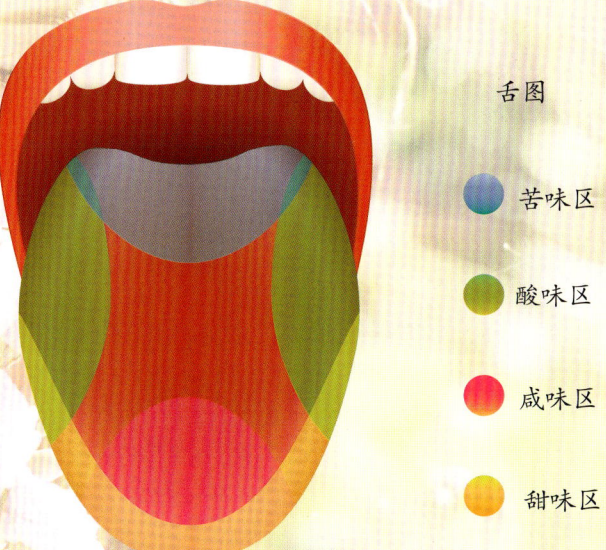

舌图
- 苦味区
- 酸味区
- 咸味区
- 甜味区

味道

成年人的舌头上分布着上万个味蕾，但这些味蕾将感知到的味觉划分为5种：酸、甜、苦、咸、鲜。其实这种感知很局限，不足以描述人在正常生活中所能遇到的各种味道。因此，嗅觉与味觉的共同作用就十分重要。当选择一种食物，我们可以先闻后尝，然后，大脑会通过两者发送的信号综合判断食物味道。

嗅觉和味觉神经

人类的鼻腔内有几百万的嗅细胞，可识别不同的气味。一些动物的嗅觉细胞比人类更多更灵敏，如狗。人的舌头上分布着上万个味蕾，这些味蕾可识别食物的不同味道。嗅细胞和味蕾感知的信号会被传送到大脑进行综合分析和反射。

味觉

味觉是人对物质味道的感知，是食物在口腔中对味觉器官产生刺激形成的感觉。味觉是一种近感，分为酸、甜、咸、苦等。而人们熟知的辣，从感觉神经上来说，是一种痛觉，不算味觉。

听觉

声音传入耳朵后，经外耳道传到鼓膜，鼓膜在声波作用下产生振动，振动被中耳的3块听骨感知，听骨将振动传给内耳入口的卵圆窗，引起耳蜗外淋巴振动。耳蜗内分布着毛细胞，毛细胞将振动转化为电信号，传输给大脑，从而形成听觉。

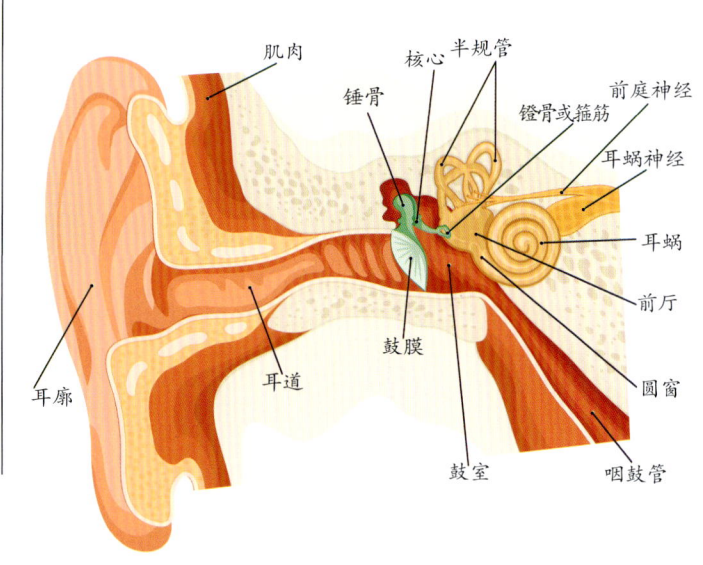

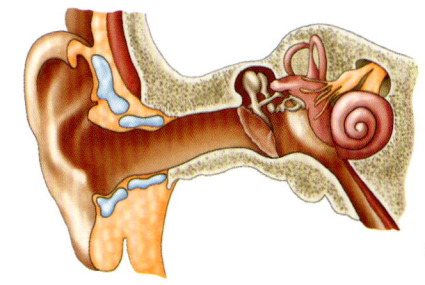

听力障碍

听力转化的过程十分复杂，因此引起听力障碍的因素也很多，一些是先天遗传，一些是后天听觉器官被损伤造成的。最常见的听力障碍是由耳蜗受到损伤引起的。当耳蜗里的毛细胞数量减少，接收到的声音振动就会减弱、失真甚至消失。耳蜗神经干或神经末梢的刺激性病变会产生耳鸣。

声音等级

人类可以感知各种类型的声音，从微弱的风吹草动到呼啸的风雨、列车。声音可用分贝表示，被划分为不同的等级。正常情况下，人类对于40分贝以下的声音可以接受，50—70分贝的声音会让人心烦，100分贝以上的声音会对人类的耳朵产生破坏，200分贝以上的声音会刺伤人脑，甚至导致死亡。

平衡器官

人类的平衡器官可以感知身体的位置和行动趋势，传输给大脑后作为参考，调节躯体姿态和平衡。平衡器官分布在耳内，呈管状，充满液体，可感知运动中的加减速、头部方位。倒立时，液体会流出；旋转时，液体会产生晃动。平衡器官的液体如果一直晃动，人脑就会感觉人体一直在转动，因此很容易产生头晕、恶心的症状。

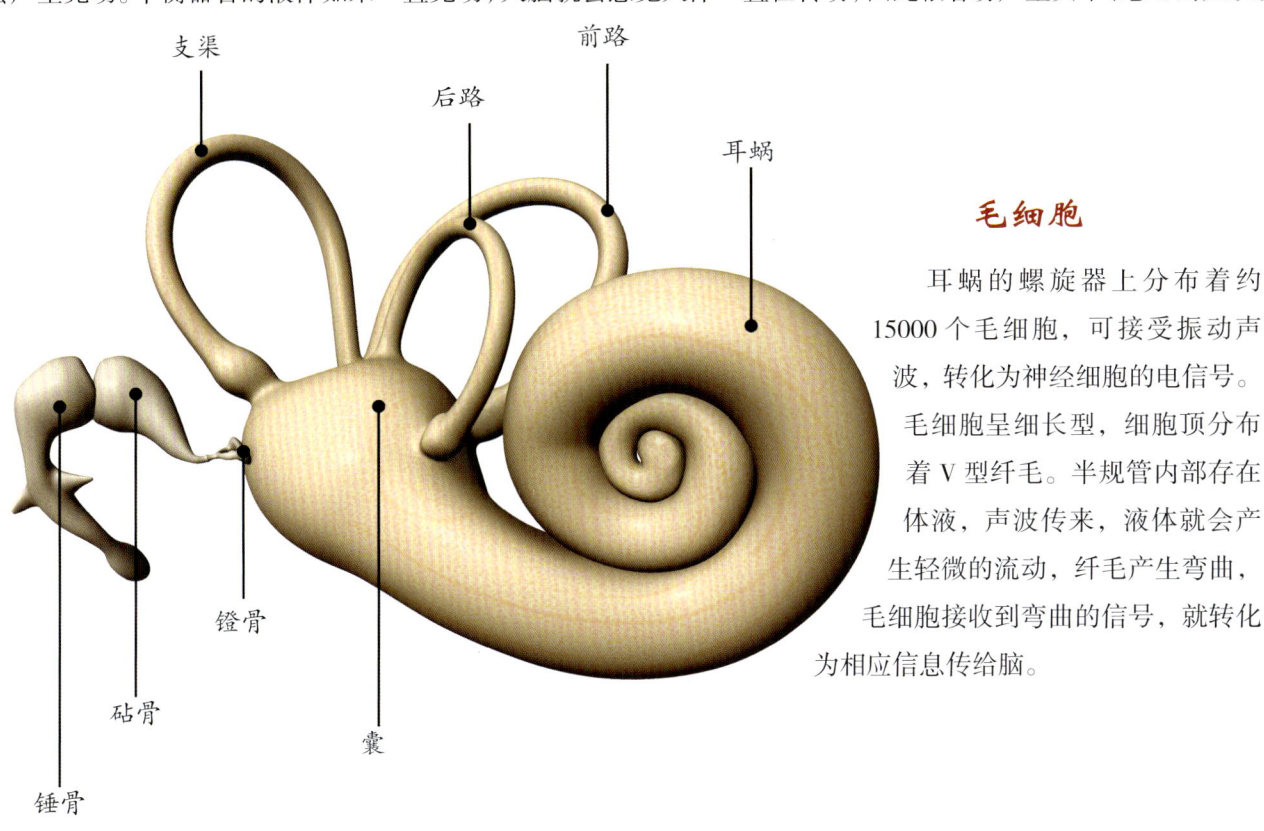

毛细胞

耳蜗的螺旋器上分布着约15000个毛细胞，可接受振动声波，转化为神经细胞的电信号。毛细胞呈细长型，细胞顶分布着V型纤毛。半规管内部存在体液，声波传来，液体就会产生轻微的流动，纤毛产生弯曲，毛细胞接收到弯曲的信号，就转化为相应信息传给脑。

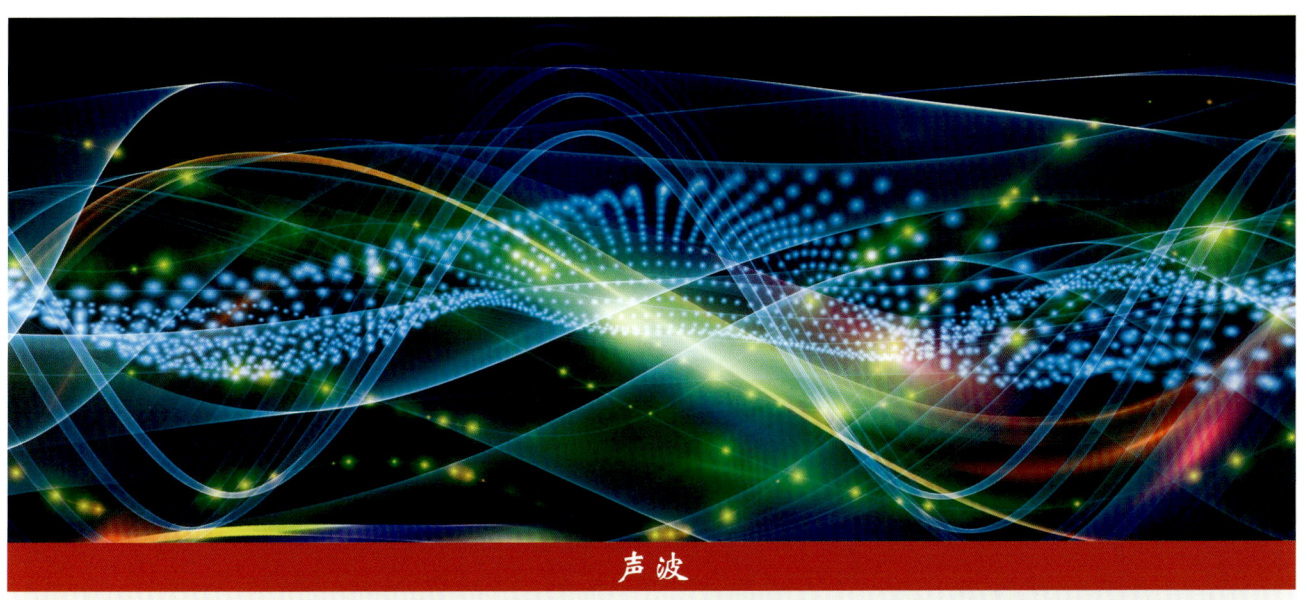

声波

物体振动产生声音，这些振动进入空气后，压缩空气，使空气产生一波一波的振动向外蔓延，声音也随之传向远方。振动在传播过程中，能量不断衰减，振动幅度会越来越小，声音也会越来越弱。

眼和视觉

眼睛是心灵的窗户，视觉是最直接的感官系统。眼睛可以监测到视线范围内色彩各异的光线，将外界发生的一切转化成图像传输给脑。大脑将信息加工处理后，形成完整的、色彩分明的视觉印象。人眼的中心像素高达几亿，可识别约1000万种色彩，是世界上最精密的成像系统。

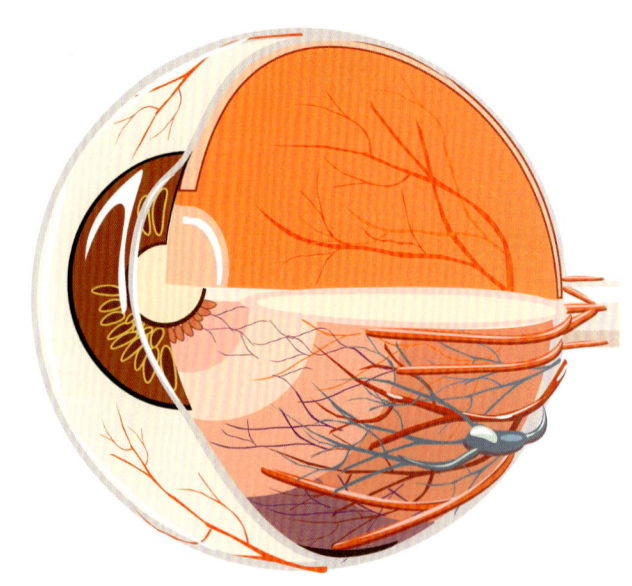

眼的工作原理

当光线直射在物体上时会发生反射，反射的光线射入眼睛，穿过眼角膜后射向瞳孔，瞳孔调节接收光线情况。瞳孔后的晶状体在接收到光线后将其聚焦到视网膜上，形成倒立的图像，传入大脑，大脑对其进行处理后，形成直立图像输出。因此，人们识别到的图像是直立的。

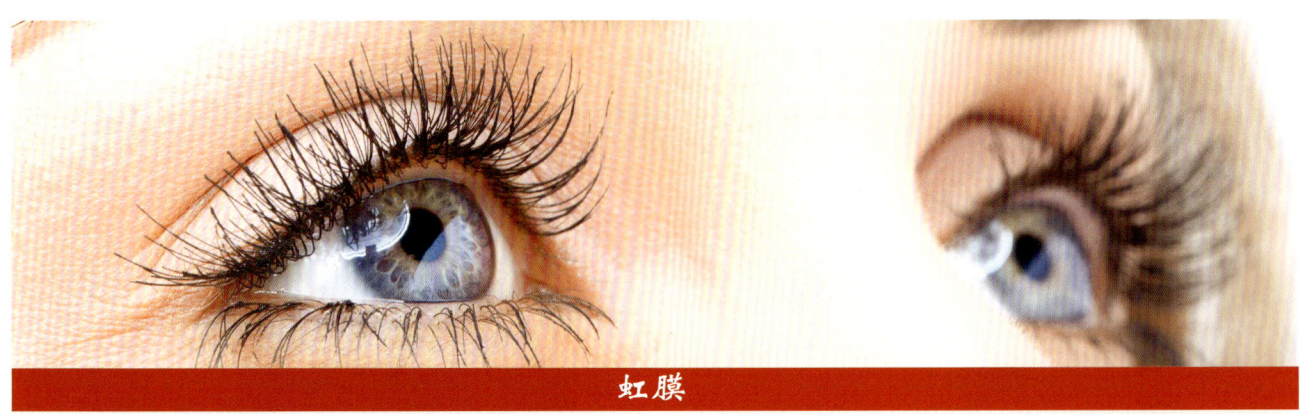

虹膜

虹膜位于眼球中层，血管膜的最前部，睫状体前方。虹膜可自动调节瞳孔的大小，进而控制进入眼内的光线量。人类的虹膜有3种基本色：蓝色、绿色和褐色。一些人的虹膜也显示其他颜色，但都是由这3种颜色演变的。一些白化病患者的虹膜显粉红色，其实他们的虹膜没有颜色，粉红色是血管的颜色。

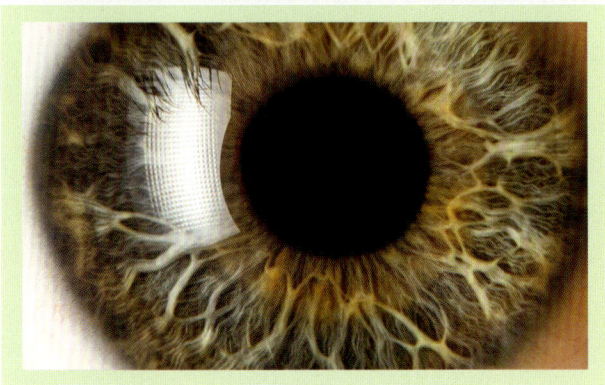

瞳孔

虹膜有两组肌纤维，一组向外扩散，呈放射状；一组如同心圆，呈环状。当光线强烈时，环状肌纤维收缩，瞳孔收缩，限制光线进入，减少强光对于视神经的刺激；光线较弱时，放射状肌纤维收缩，瞳孔扩散，通过的光线会增加，更便于识别。

色盲

色盲是由遗传基因引起的。色盲患者识别物体的形状和运动方式时，与普通人无异，但他们对于颜色却无法进行精确识别。一些色盲患者无法识别某种特定的颜色，一些患者则看什么都是黑白色。色盲会影响常见标识的识别，对生活影响很大。

内分泌系统

激素

神经信号传递的是一种十分迅速的电信号，而激素是通过化学物质传递信息。当腺体接收到信号的时候，就会促进或抑制某一激素分泌。激素可随着血液缓慢流向全身，调节人体的代谢活动。当送往各个器官的某种激素减少或增多时，就会起到相应的抑制或促进作用。激素影响着人体的生长、代谢和繁育等诸多方面。

腺体激素

内分泌细胞在接收到信号时，会分泌相应的激素。人类内分泌细胞有两种存在方式——群居和散住。群居的内分泌腺，如大脑里的脑垂体，脖子前面的甲状腺、甲状旁腺，肾脏上方的肾上腺等。散住的如胃肠黏膜中的胃肠激素细胞，丘脑下部分泌肽类激素细胞等。每一个内分泌细胞都是制造激素的小作坊。大量内分泌细胞制造的激素集中起来，便成为不可小看的力量。

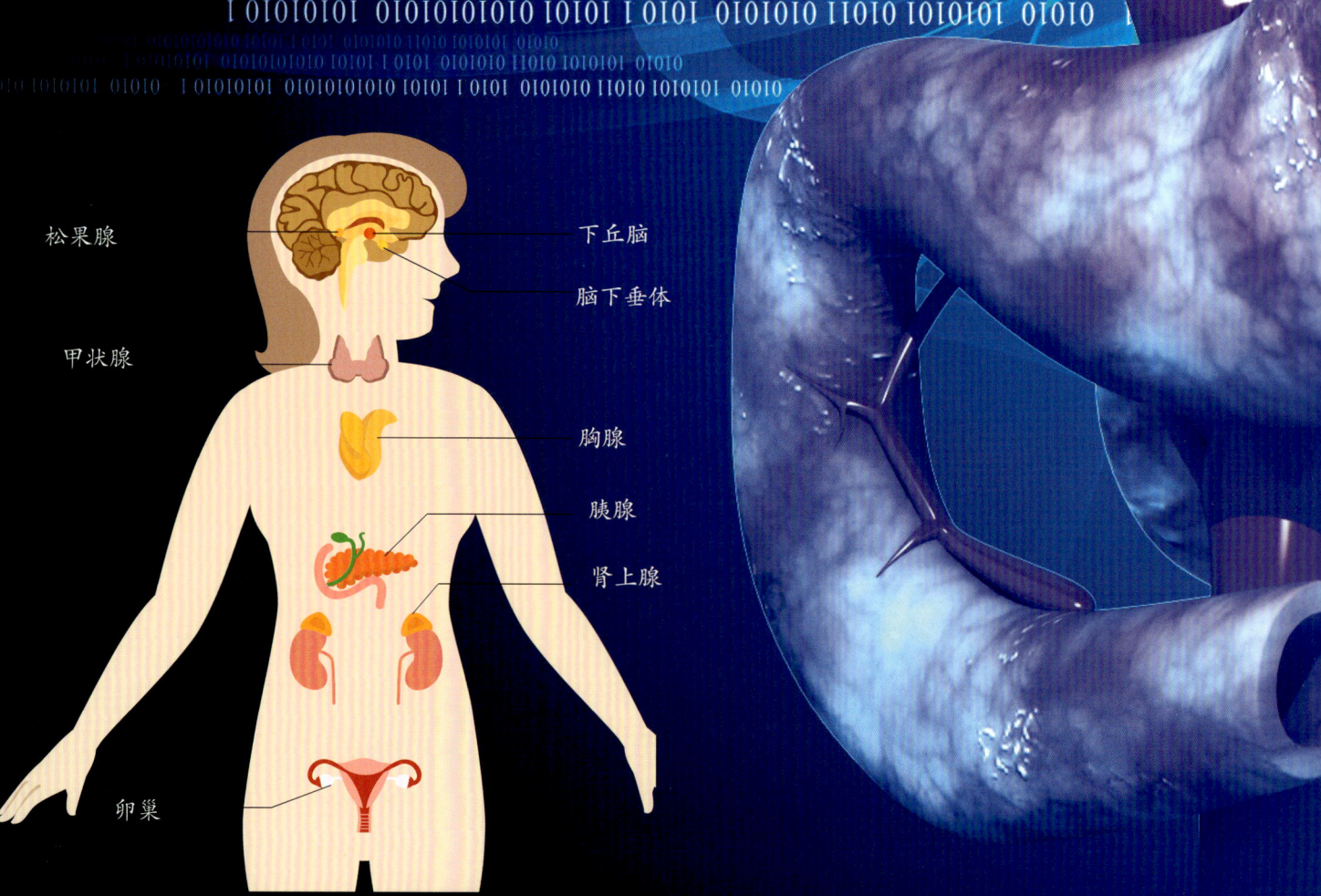

- 松果腺
- 甲状腺
- 下丘脑
- 脑下垂体
- 胸腺
- 胰腺
- 肾上腺
- 卵巢

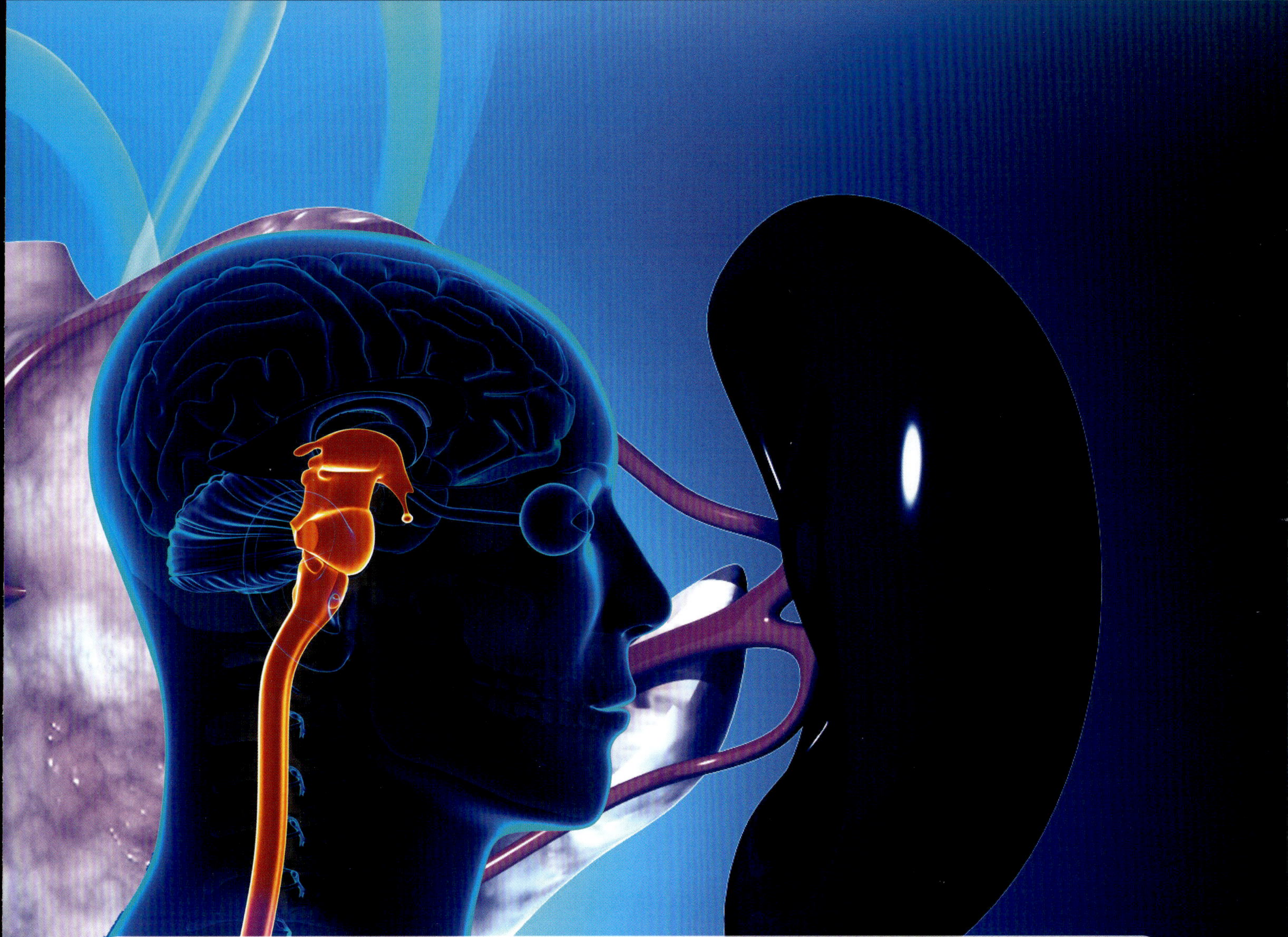

垂体

垂体在脑中央底部，体积非常小，约 0.7 立方厘米，重约 0.6 克。垂体是人体最重要的腺体，可分泌多种激素，其中包括生长激素、催乳素、促甲状腺激素、促性腺素等，影响人体血压、应激、水平衡、哺乳期乳汁分泌、生殖周期等，对生物的生长、繁殖有着重要作用。

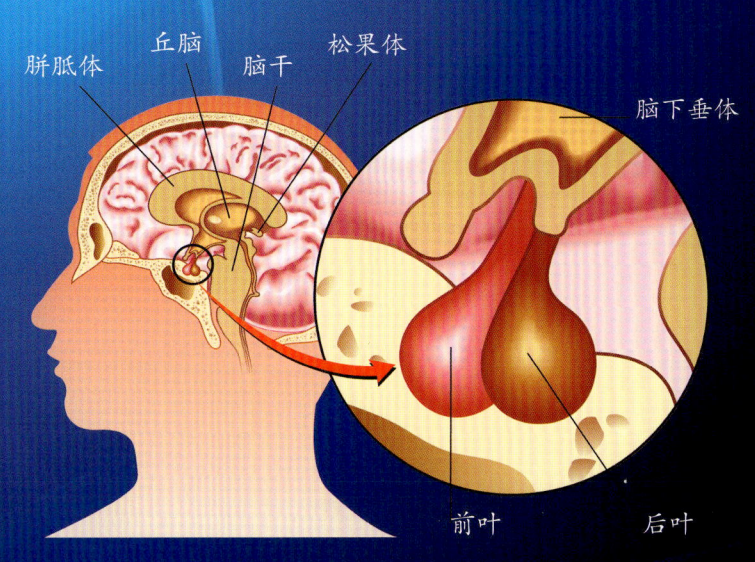

胼胝体　丘脑　脑干　松果体　脑下垂体　前叶　后叶

激素的作用

激素是一种化学物质，随着血液流向全身，影响机体内部平衡。激素功能强大，可调节人体能量、水分、盐分代谢速度；促进机体生长发育，延缓或加速机体衰老；影响人体生殖器官的发育和成熟。正常的激素分泌有助于机体更快更好地适应周围的环境。人体激素种类很多，每一种激素分泌不平衡都可能引起相应的疾病。

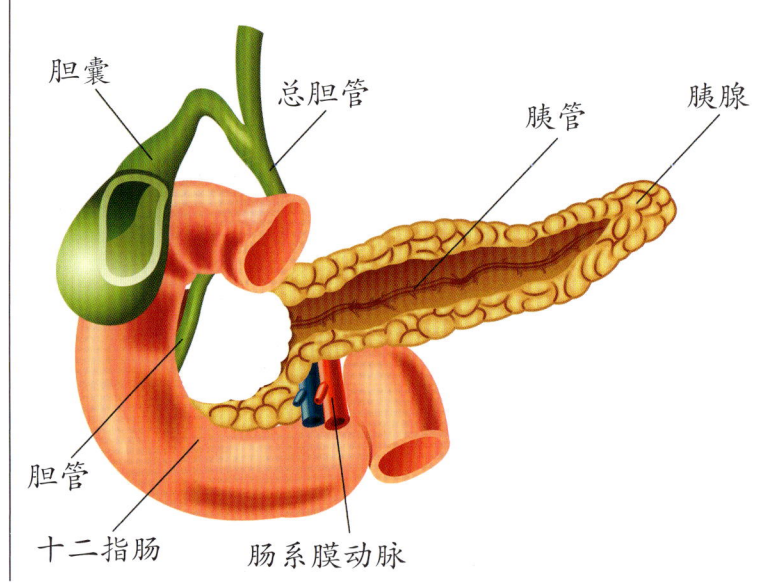

性激素

人在十几岁的少年时期，就开始分泌性激素。身体逐渐显现明显的男女生理差别——男性机体健硕、肌肉发达、胡须浓密；女性细腰宽胯、乳房发育。男女的性激素可促进性器官成熟和副性征发育，并维持性征。男性的性激素是睾酮，由睾丸分泌；女性的性激素是雌激素和孕激素，由卵巢分泌。

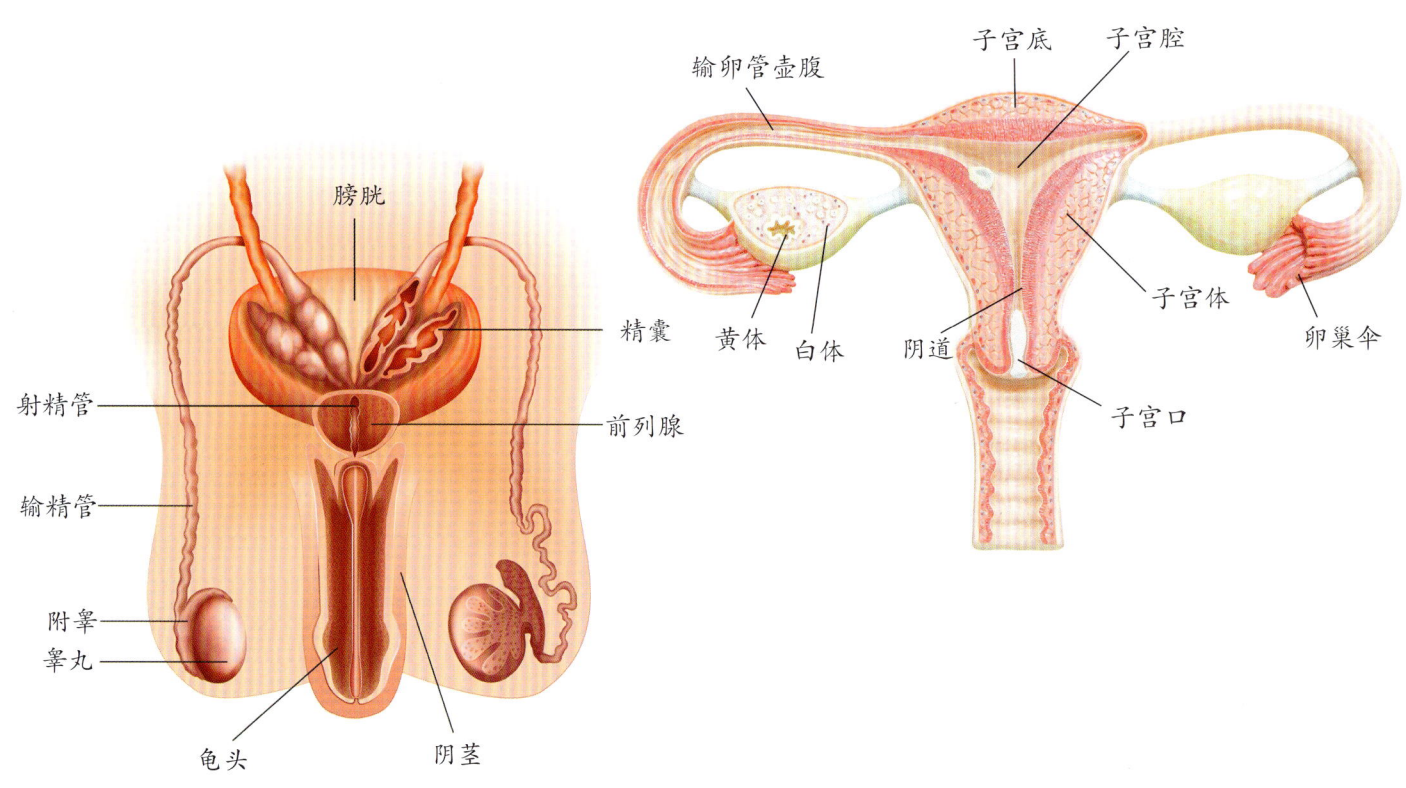

生长激素

生长激素可以促进机体细胞分裂、生长，使得人身体长高，器官长大，肌肉组织渐渐发达。生长激素在幼年和少年时期分泌旺盛，会刺激肝脏分泌胰岛素样生长因子。生长因子可促进骨骼生长。到了十三四岁以后，人体性激素分泌增加，性激素促进垂体分泌更多的生长激素，因此这个年纪是身体的快速发育期。进入成年期后，生长激素分泌减弱，身体不再生长。

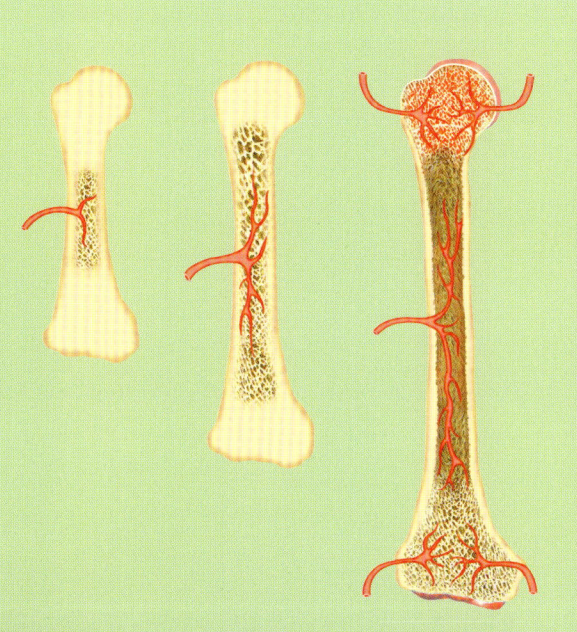
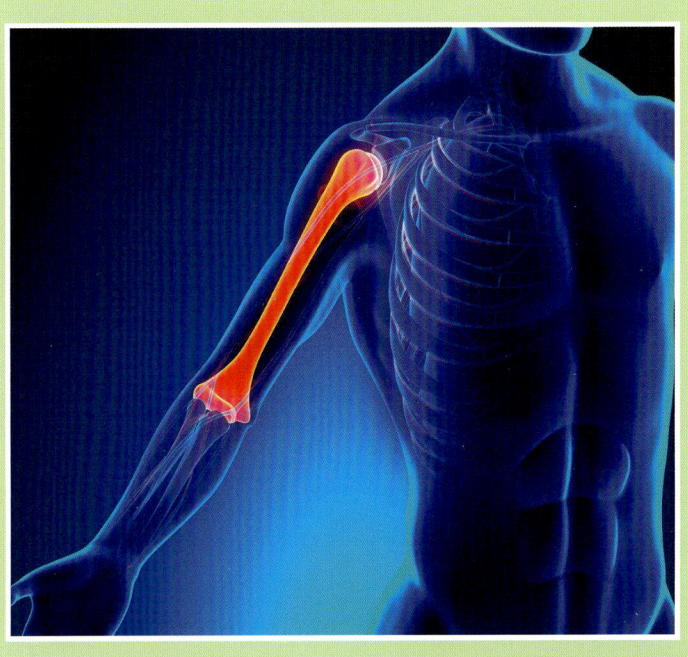

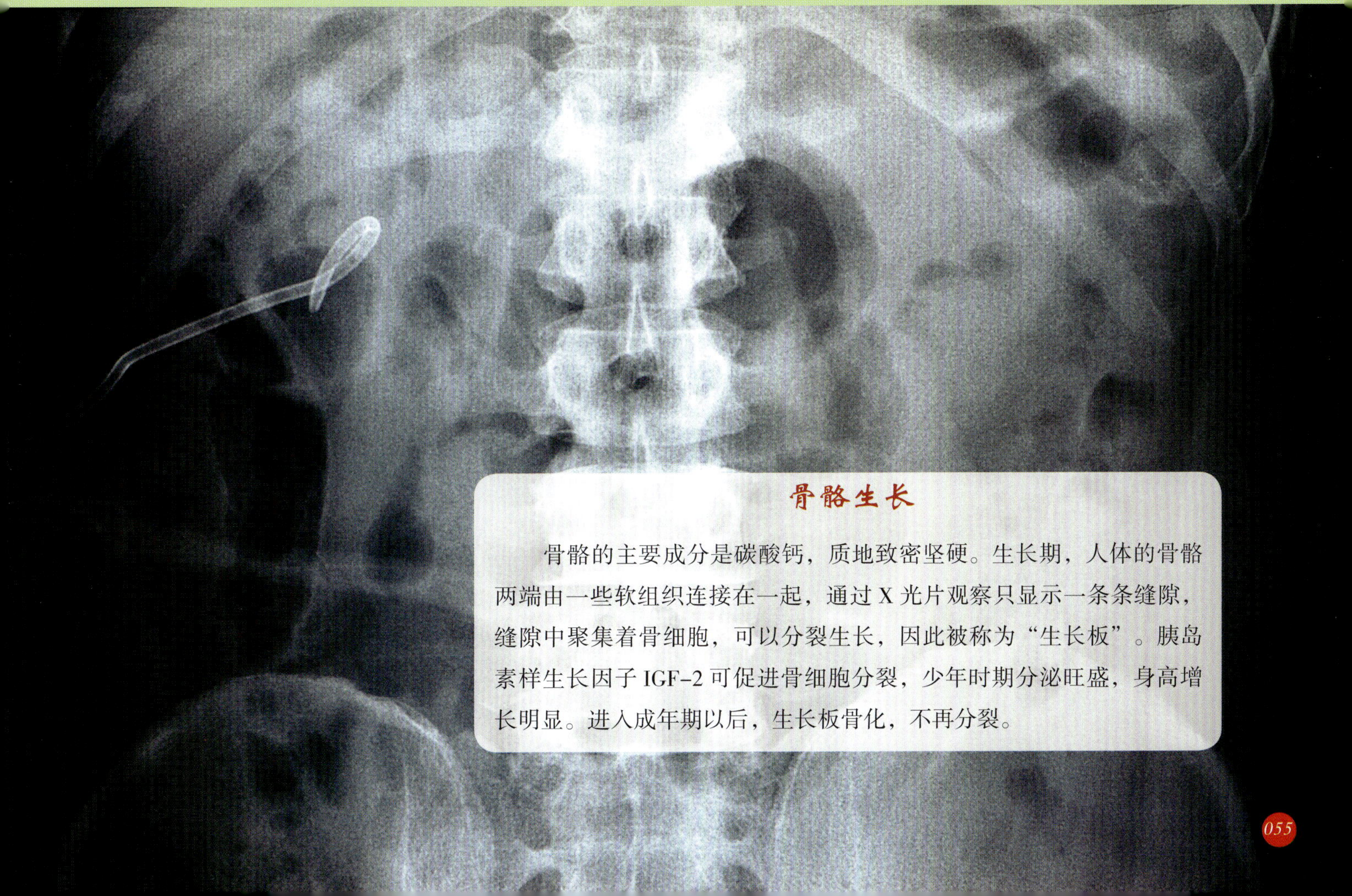

骨骼生长

骨骼的主要成分是碳酸钙，质地致密坚硬。生长期，人体的骨骼两端由一些软组织连接在一起，通过X光片观察只显示一条条缝隙，缝隙中聚集着骨细胞，可以分裂生长，因此被称为"生长板"。胰岛素样生长因子IGF-2可促进骨细胞分裂，少年时期分泌旺盛，身高增长明显。进入成年期以后，生长板骨化，不再分裂。

心血管系统

心血管系统组成

人体的血液主要流经心脏和血管，是一个闭合的系统。心脏跳动为血液流动提供动力。血液在心脏规律地收缩与扩张下，按照一定方向和规律流经身体的所有血管，并最终回归到心脏，形成血液在身体内的循环。血液中携带大量的氧气、水分和代谢所需的物质，在运动过程中，局部组织需要更多的营养供应，血液循环可以及时调整各个器官的血液流动，保证身体的代谢需求，维持体内平衡。

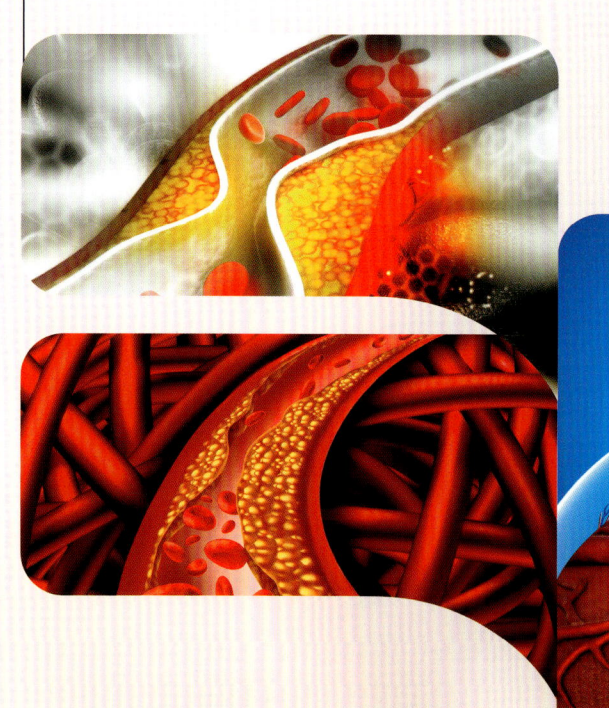

发达的血管网

毛细血管极细，需要在高倍显微镜下才能被观察到，但人体内的毛细血管却比任何交通网路都发达。据统计，一个成年人的毛细血管总长约15万千米，可绕地球赤道4圈；日流程可达26.4万千米，这些血管只要有1/3工作，就足以维持人体日常所需。

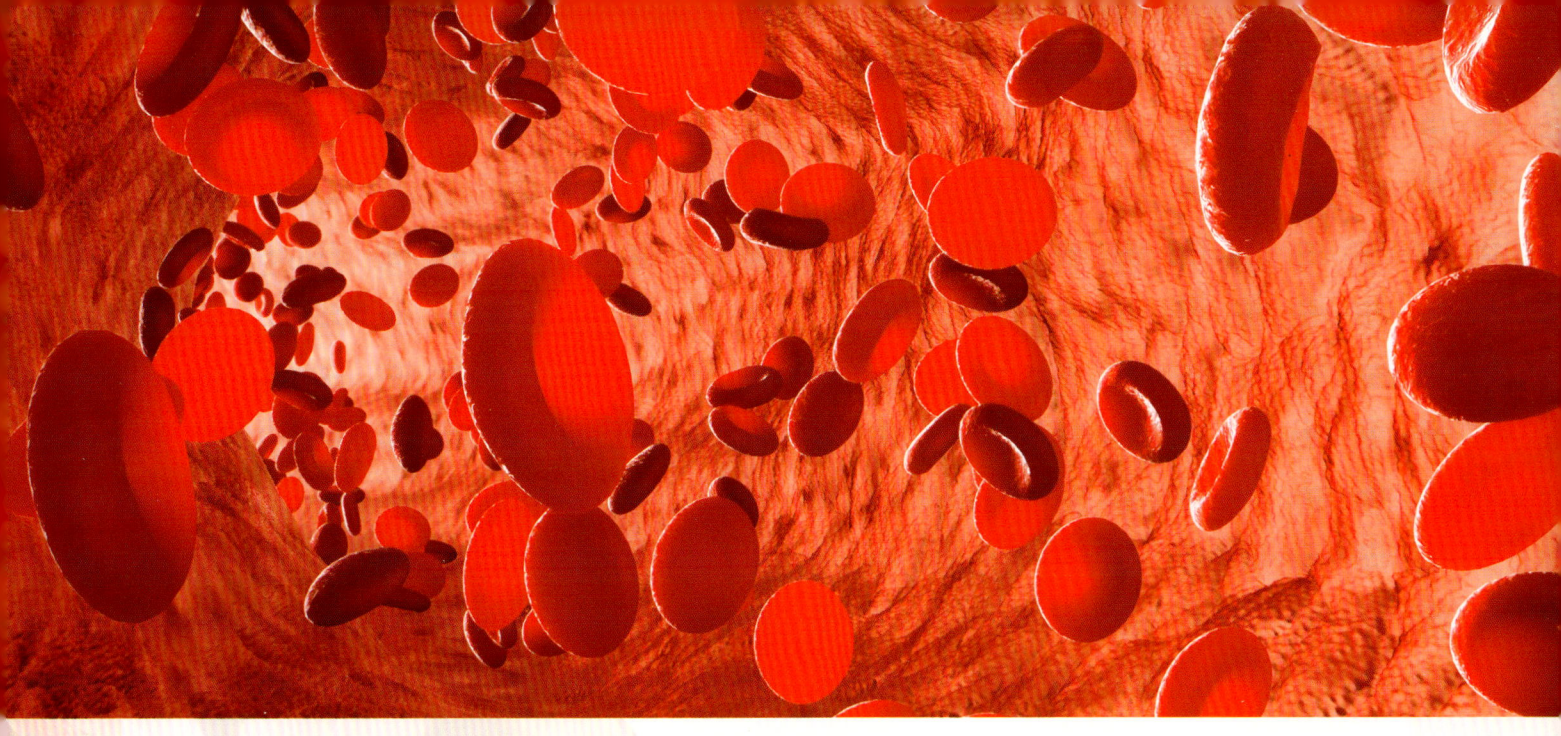

血液流动

　　心血管系统由心脏、动静脉、毛细血管共同组成。其中心脏是汇集血液、推送血液的发动机。从心脏流出的血液进入动脉，不断向分支传送，再由各分支送往身体各个器官，进入组织细胞间极细的毛细血管。之后，它们会从毛细血管流入小静脉，再向主静脉汇集，最后回到心脏。

毛细血管

　　毛细血管是分布在组织间和细胞间的极其细微的血管，直径只有6—9微米，但数量惊人，除骨骼、毛发上皮、软骨、角膜等部位，人体到处都分布着毛细血管，且在活跃的组织器官上分布密集，代谢慢的组织器官上数量较少。毛细血管壁很薄，便于血液与组织进行营养物质和代谢废物的交换，如蛋白质、氧气、二氧化碳等。

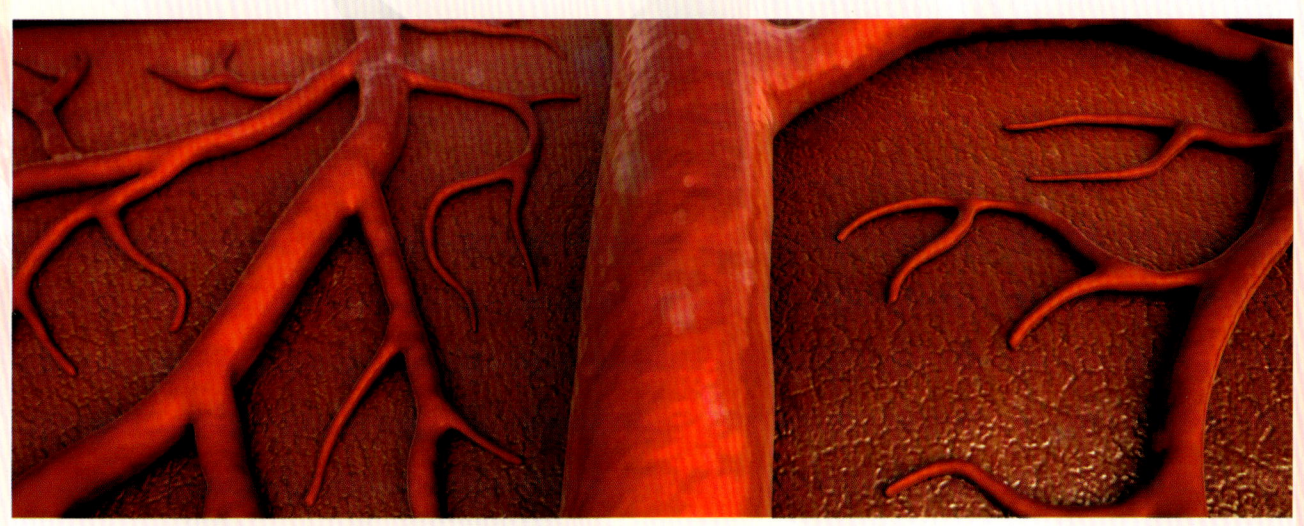

血管和血液

人体血液呈液态，红色，不透明，黏稠。其成分主要是水分，还携带着蛋白质（酶类）、电解质以及有机化合物。血液主要由血浆和血细胞组成。血细胞主要包括红细胞、白细胞和血小板。这些细胞都有自己的存活周期，不断死亡、不断新生，维持人体血液平衡。血液通过心脏和血管流向全身。

红细胞的来源

人体的红细胞由造血干细胞产生，即来自红骨髓。红骨髓存在于骨骼内部，被坚硬的外壳保护着。少年时，人体生长旺盛，血液流通快、需求大，绝大部分骨骼中都富含红骨髓，不断制造新鲜血液供给身体血液需求。成年后，生长停滞，红骨髓减少，主要集中在颅骨、肩胛骨、髋骨、肋骨和长骨两端。

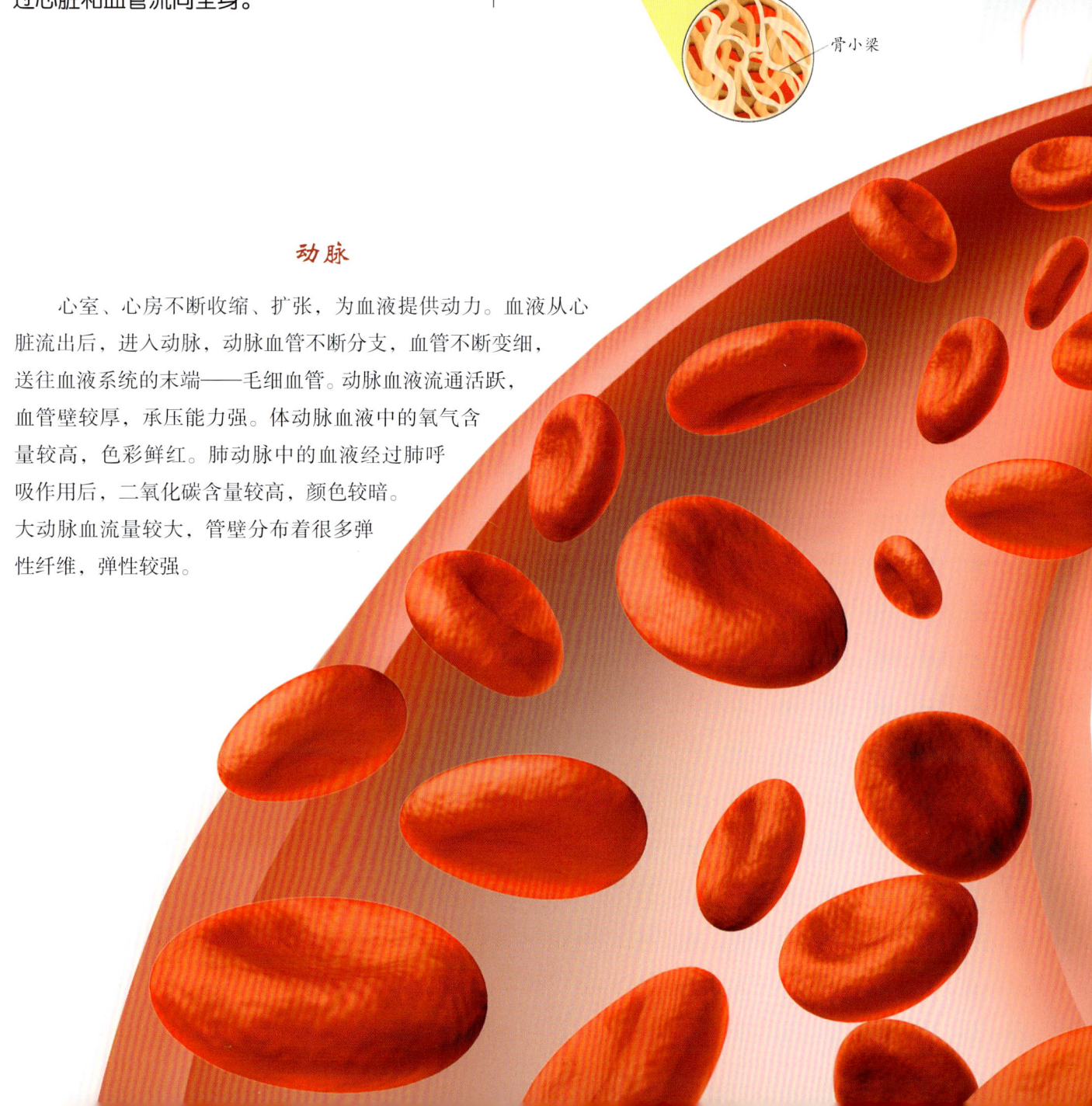

动脉

心室、心房不断收缩、扩张，为血液提供动力。血液从心脏流出后，进入动脉，动脉血管不断分支，血管不断变细，送往血液系统的末端——毛细血管。动脉血液流通活跃，血管壁较厚，承压能力强。体动脉血液中的氧气含量较高，色彩鲜红。肺动脉中的血液经过肺呼吸作用后，二氧化碳含量较高，颜色较暗。大动脉血流量较大，管壁分布着很多弹性纤维，弹性较强。

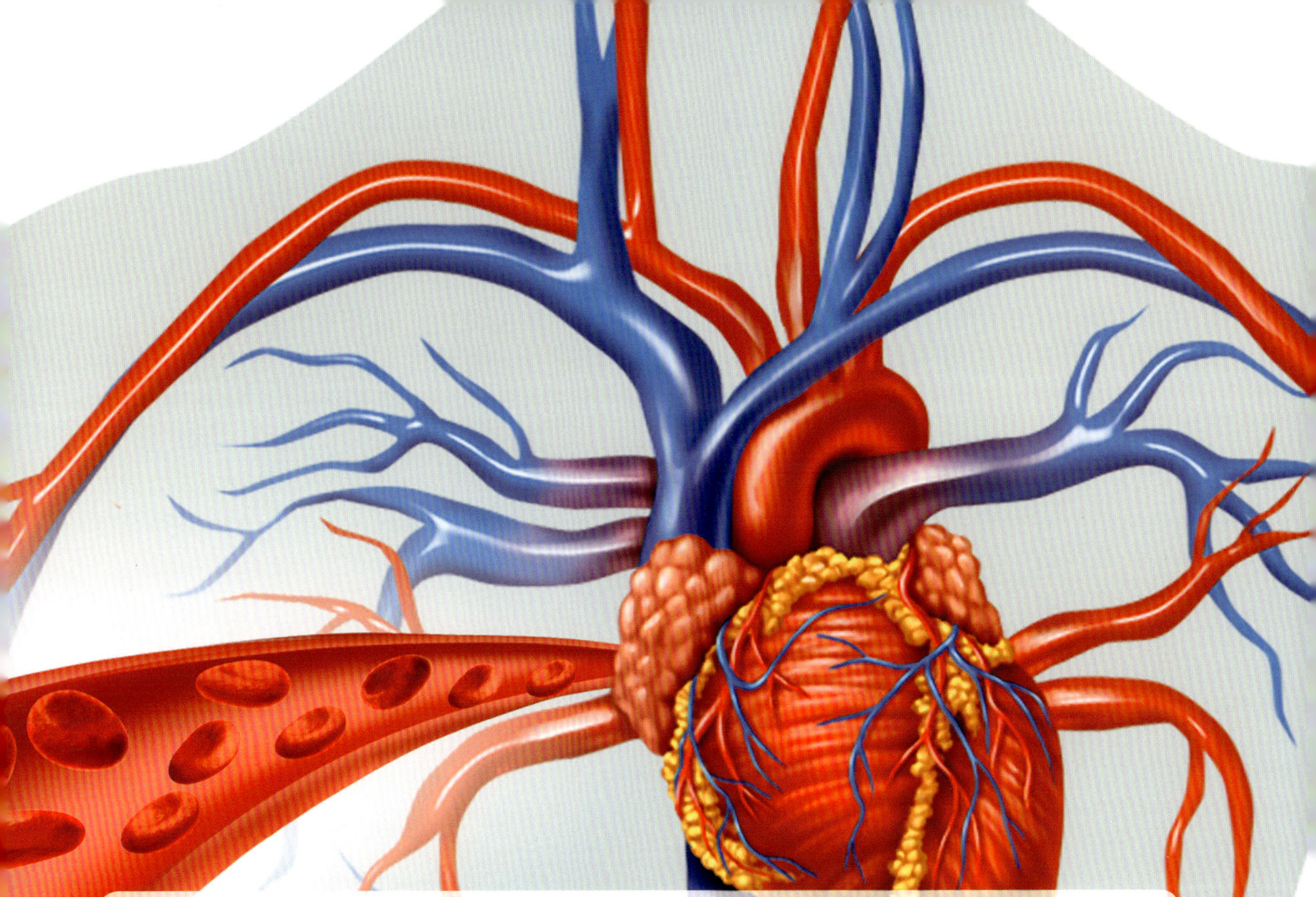

静脉血管

毛细血管与组织细胞进行过物质交换的血液会流回小静脉，汇入中静脉、主静脉后，流回心脏。静脉血液流速平缓，静脉壁较薄，所受压力较小，弹性纤维分布较少，弹性较弱。流回心脏的体静脉血液中的二氧化碳含量高，颜色暗红；肺静脉中流回的血液含氧量较高，颜色鲜艳。

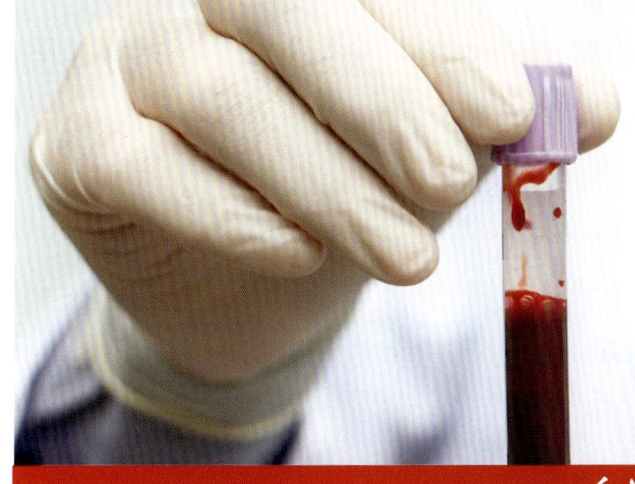

血型

人体血液类型的划分依据是血液中红细胞表面携带的不同抗原，这些抗原被分为 A、B 两种。血型则主要分为 A 型、B 型、AB 型和 O 型。A 型血携带 A 型抗原，B 型血携带 B 型抗原，AB 型血红细胞中 AB 型抗原共存，O 型血红细胞中没有抗原。这些抗原由遗传得来，携带不同抗原的血液相遇会产生排斥反应，因此病患在输血时，血型的对应很重要。

血液颜色

我们看到的血液呈红色，主要来源于红细胞。血液中的氧气较多时，会呈现鲜艳的红色，如动脉血；而氧气含量较低时，红细胞颜色较暗，如静脉血。日常身体检查的抽血，都是从静脉抽取的，因此颜色较暗。

心脏

心脏是人体血液流动的动力来源，是人体最重要的器官之一。心室不停地进行收缩和扩张，为血液流动提供动力，便于血液将人体所需的物质传送到身体各个器官、组织。人体心脏在胸腔的中部，偏左，夹在两片肺叶之间，外形类似桃子。成年人的心脏约250—300克，男性的心脏普遍比女性大。

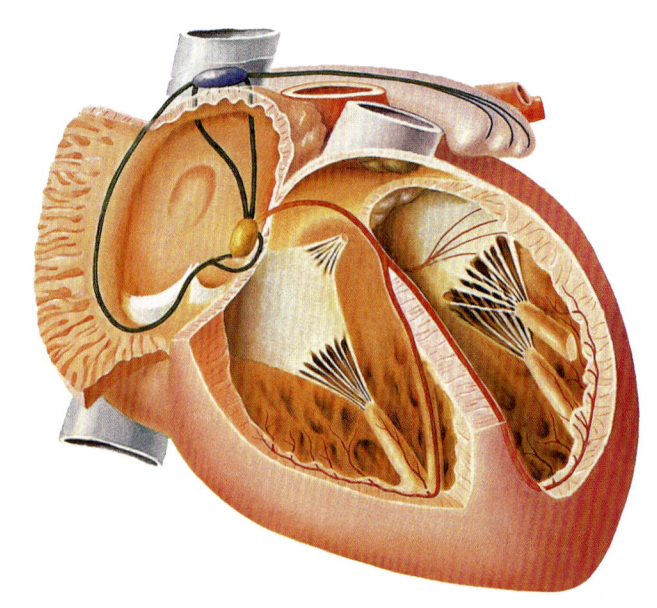

心脏的组成

心脏有2房2室，分别为左心室、右心室，左心房、右心房4个腔。心房与心室之间有瓣膜阻隔，可阻止心房血液进入心室。心室收缩和扩张产生心脏跳动，推动血液流向全身，为各个组织和器官供血，提供人体活动所需的氧气和营养物质，带走二氧化碳和无机盐等代谢产物。

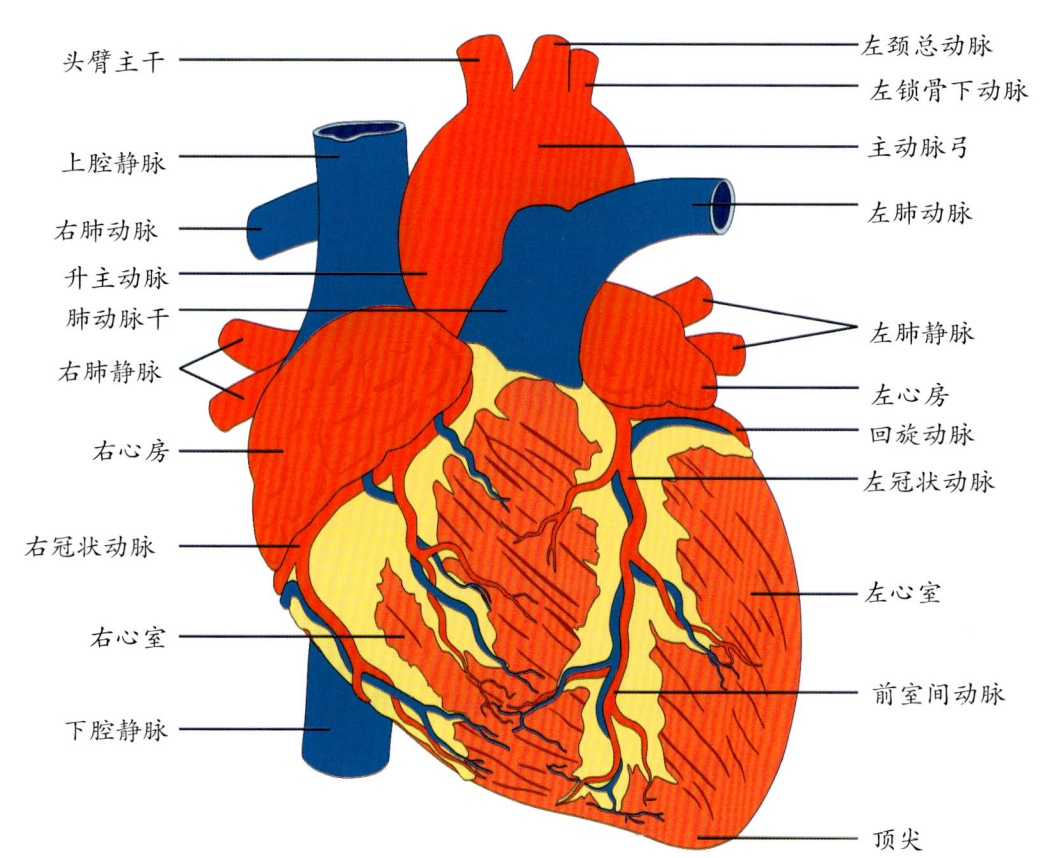

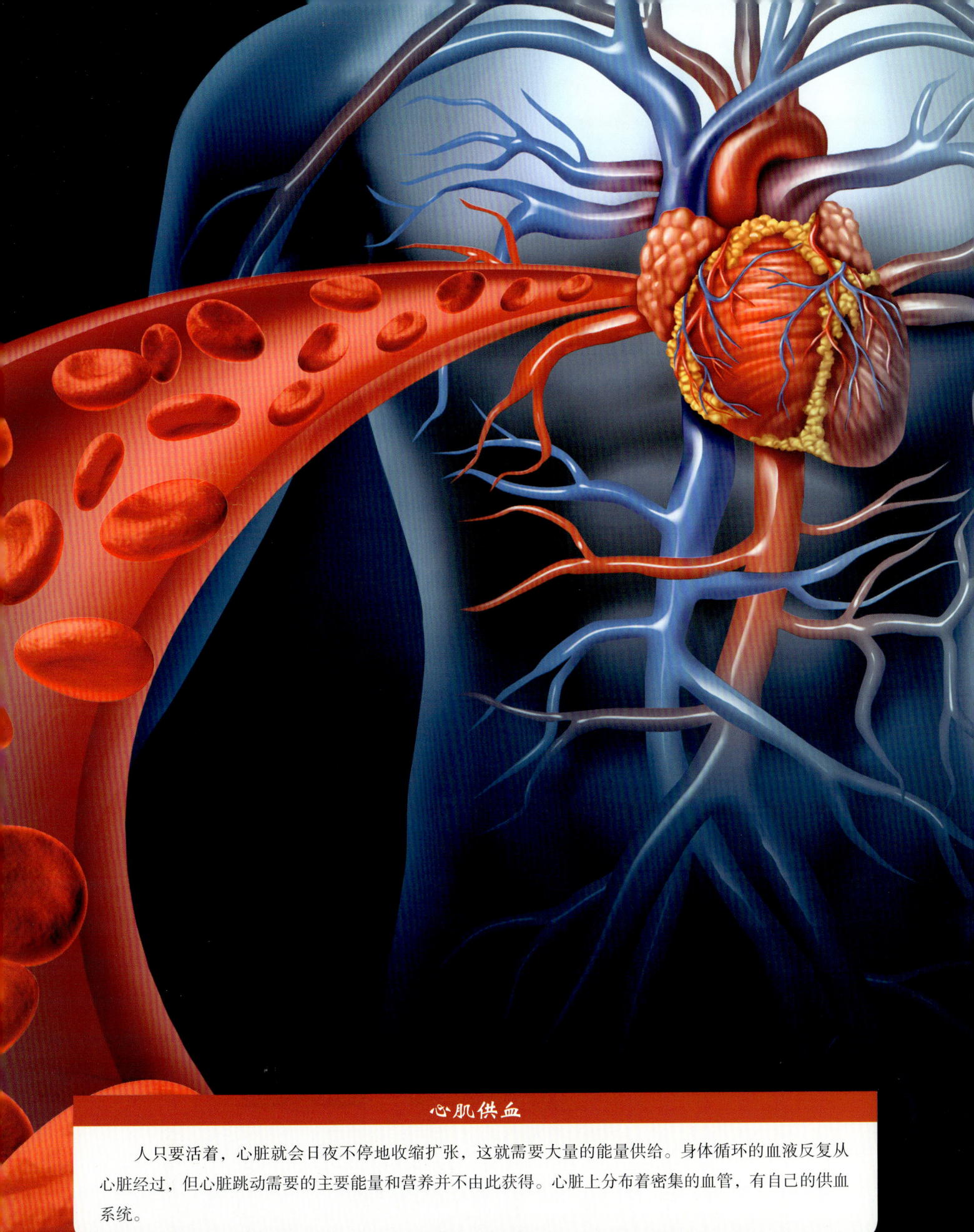

心肌供血

　　人只要活着，心脏就会日夜不停地收缩扩张，这就需要大量的能量供给。身体循环的血液反复从心脏经过，但心脏跳动需要的主要能量和营养并不由此获得。心脏上分布着密集的血管，有自己的供血系统。

心脏跳动

心脏跳动会形成特殊的电信号，传送给各个器官。成年人的正常心跳约为每分钟75次，每次心跳的时间约为0.8秒。每次心跳都从心房收缩开始，心房、心室的一个活动周期相同。心房的收缩迅速，0.1秒即可完成；扩张较慢，约需0.7秒。当心房收缩完成后，心室就会发生收缩，收缩时间约为0.3秒，舒张时间约为0.5秒。

心脏的应激

人在受到外界刺激时，肾上腺素就会加速分泌，流向全身。大量的肾上腺素会刺激心脏，使其加速跳动，促进血液流动。因而，大量的血液携带更多的氧和营养物质送往身体各个器官。在充足的物质供给下，脑部反应会更加灵活，肌肉可迅速反射，身体进入活跃状态，以便应对外界环境的种种变化。

心脏听诊

在进行身体检查时，医生会佩戴听诊器，用来检查心脏的活动情况。听诊听到的声音主要来源于心房与心室之间的瓣膜，心室与心房收缩扩张，瓣膜会随之关闭、张开，张开时就会发出较长的明显的"啦"声，关闭时则会发出短促响亮的"哒"声。医生会根据声音的频率、强弱、有无杂音来判断心脏是否发生病变。

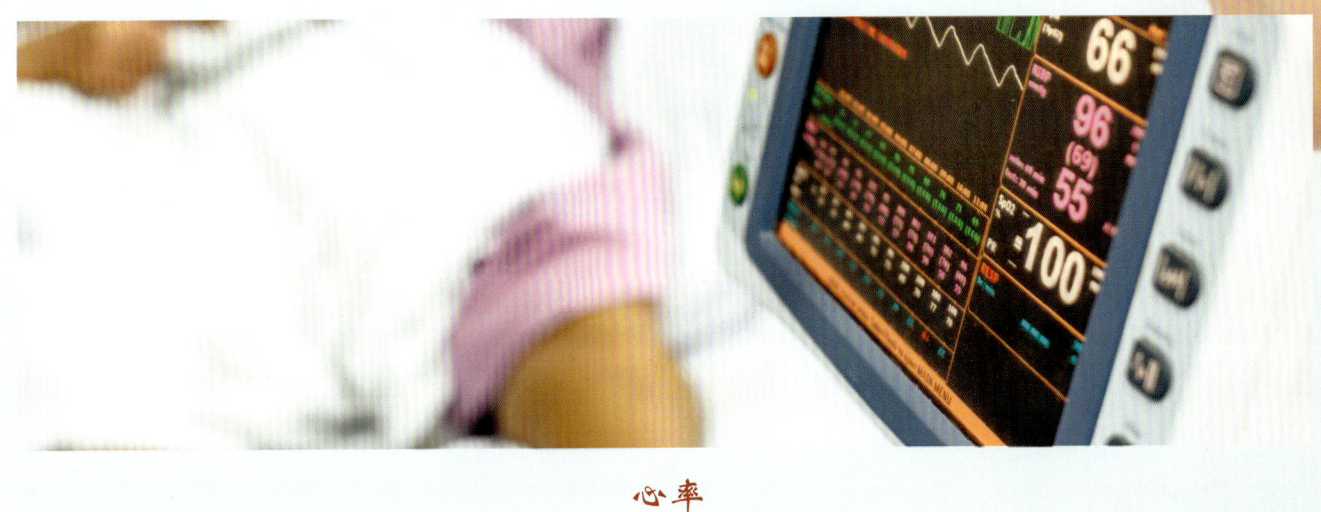

心率

心脏的收缩和扩张受心肌控制，心肌的活动如同一个永不停歇的起搏器，决定着人体的心率。心肌反复收缩和扩张时，会对心房、心室发出电信号。我们通过心电监护设备对心肌发出的电信号进行监测，得到相应的心电图，进而判断心脏健康情况。心率会随年纪和运动状态改变，成年人心率平均约为每分钟60—100次，初生婴儿心率高达每分钟130次以上。

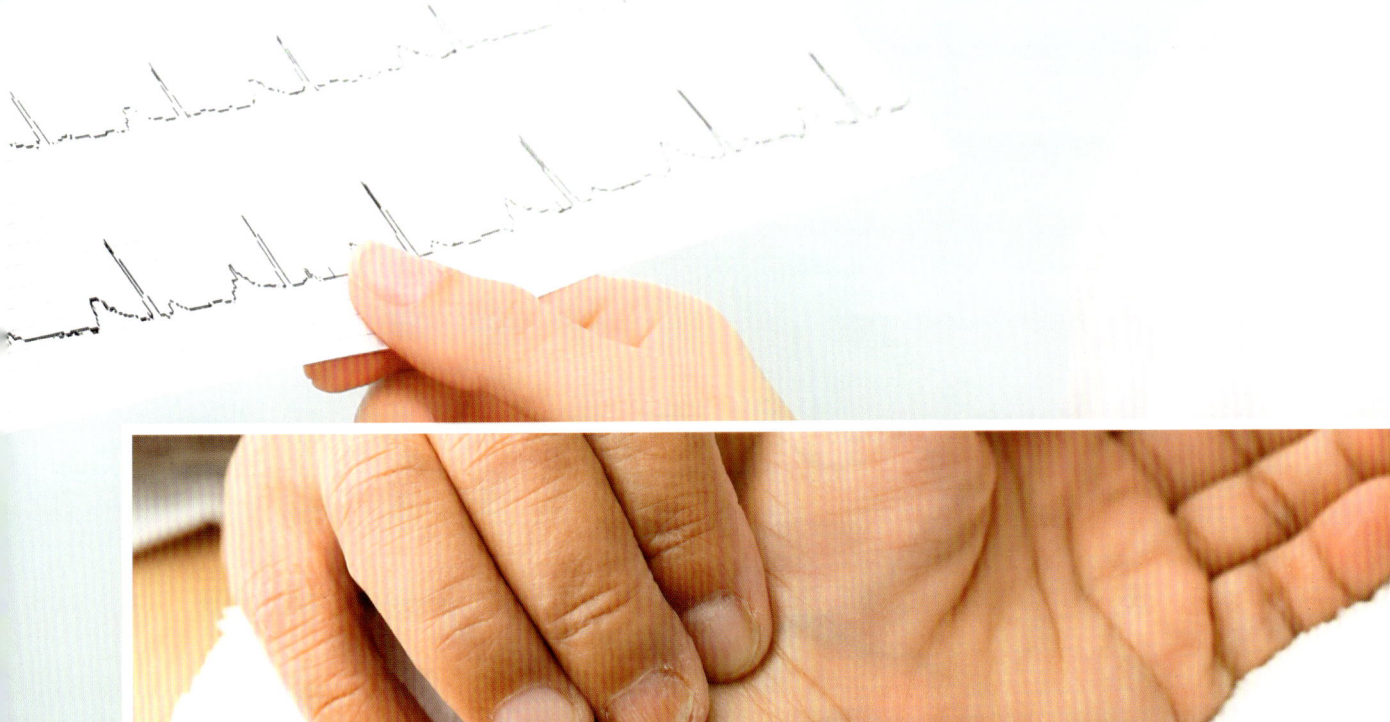

脉搏

心脏泵血的过程中，会出现一个一个的血液波动，这些波动随着动脉流向全身，即为脉搏。一些在浅皮层的动脉血管，脉搏很明显，如手腕、脖颈。只要将感觉神经密集的手指搭在手腕或脖颈的动脉区，就可以轻易地感知脉动情况。在极少使用其他监测仪器的中国传统中医诊疗中，诊脉是一种十分重要的问诊方式。

呼吸和消化系统

消化系统

人体内有一条长长的肌肉质的管状结构，上面是口，下面是肛门，它就是人体的消化系统，也被称为"消化道"。消化道有食管、胃、小肠和大肠4个区域，各区域有着不同的分工。另外，还有胆囊、胰腺等辅助消化的器官，负责把消化液分泌到消化道的不同部位。

消化是要花时间的

食物在嘴里嚼烂后被咽到胃里，这个过程只需要几秒钟的时间。可是，食物要被完全消化却需要花费2天的时间。这是为了确保能够完全消化食物，尽可能多地释放出营养物质，并且保证这些营养物质能够被吸收进血液里。我们可以具体来看一下，食物从开始吞咽到进入胃部只需要10秒钟，在胃里要进行近3个小时的消化，使食物变成乳脂状的半流体进入小肠。6个小时后食物在小肠几乎被完全消化，8小时后不能被消化的水样废物离开小肠而进入大肠。通过大肠时，水被吸收，不能消化的食物残渣形成半固体的粪便，进食20—44小时后粪便进入直肠。

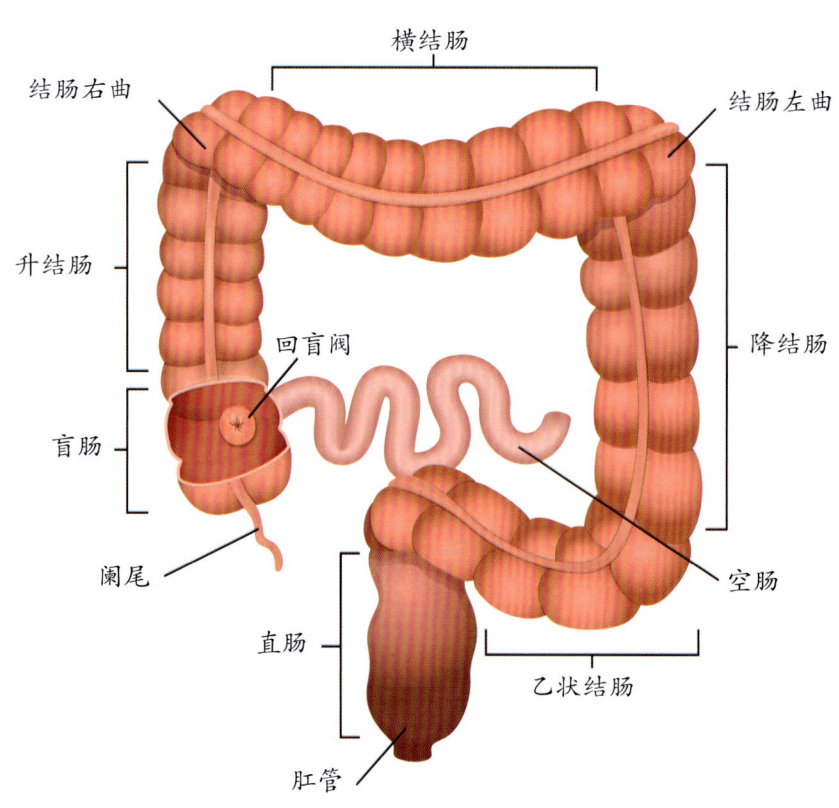

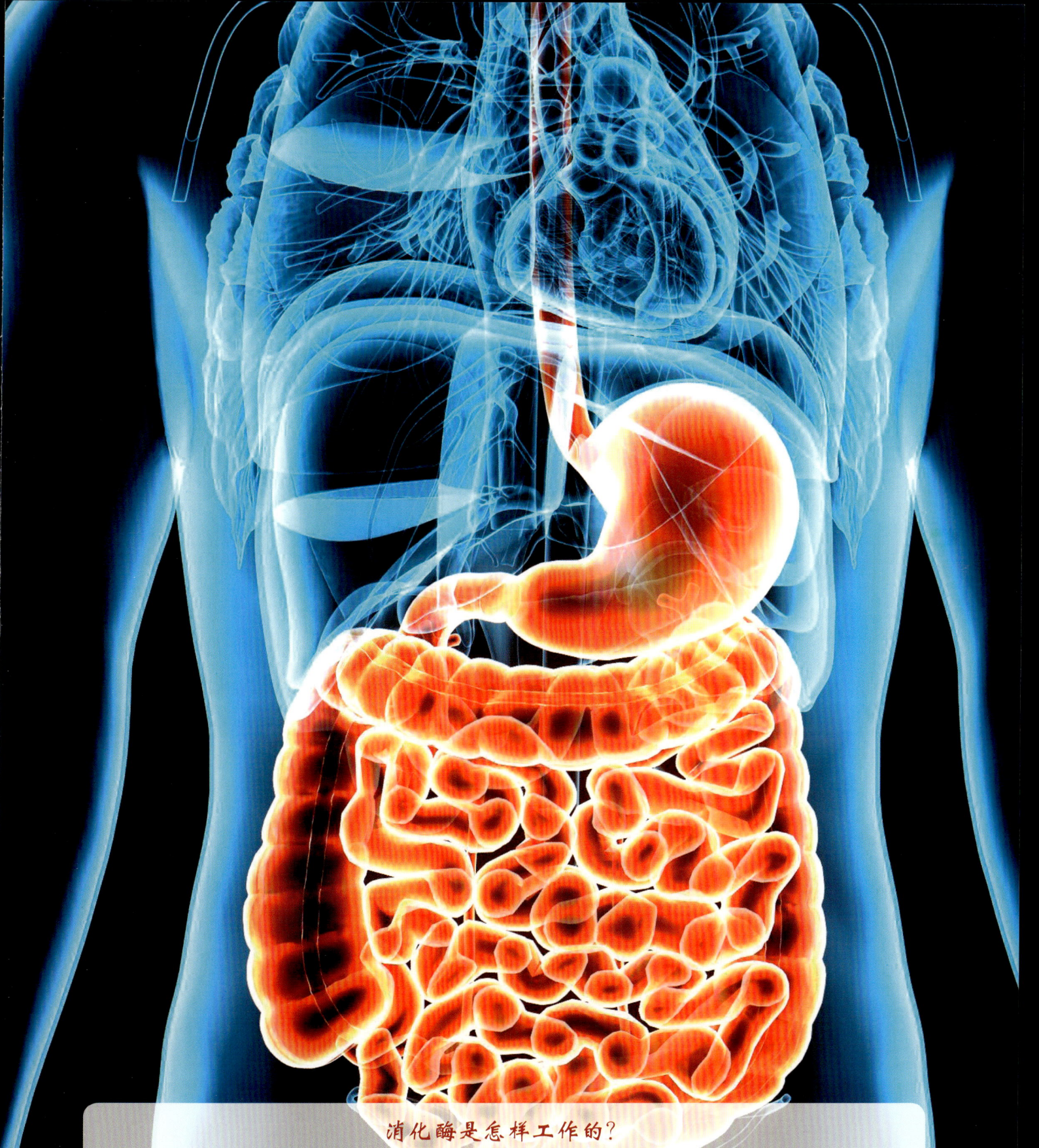

消化酶是怎样工作的？

消化酶的成分蛋白质能够使复杂的分子加速分解，使其成为更简单的分子。这样，这些简单的分子就能进入到血液里，能够被细胞所吸收、利用。如果没有消化酶的帮助，食物的消化就不会那么快，也就不能及时满足身体的需要，人就可能会饿死。每种类型的食物需要不同的消化酶来分解，比如要想分解蛋白质，就需要胃液中的胃蛋白酶，它能够把蛋白质分解为更简单的营养物质。

口腔和咽

消化系统的起始部是口腔，口腔的前壁是上唇和下唇，侧壁是颊，上壁是腭，下壁是口底。口腔前端通过由口唇围成的口裂与外界相连，后部经过咽峡和咽相通。口腔可以分为两个部分：口腔前庭和固有口腔。

食物仓

消化系统的第一部分就是口腔，里面有牙齿，有舌头。口腔里分布有3对唾液腺，分别分布在舌头下面和耳前。唾液腺能分泌一种滑溜溜的液体——唾液，唾液可以润滑食物。食物伴着唾液，经过牙齿咀嚼可以变成黏浆状，一团一团黏浆状的食物会被推到咽部吞咽下去，再经过食管送到胃里去。

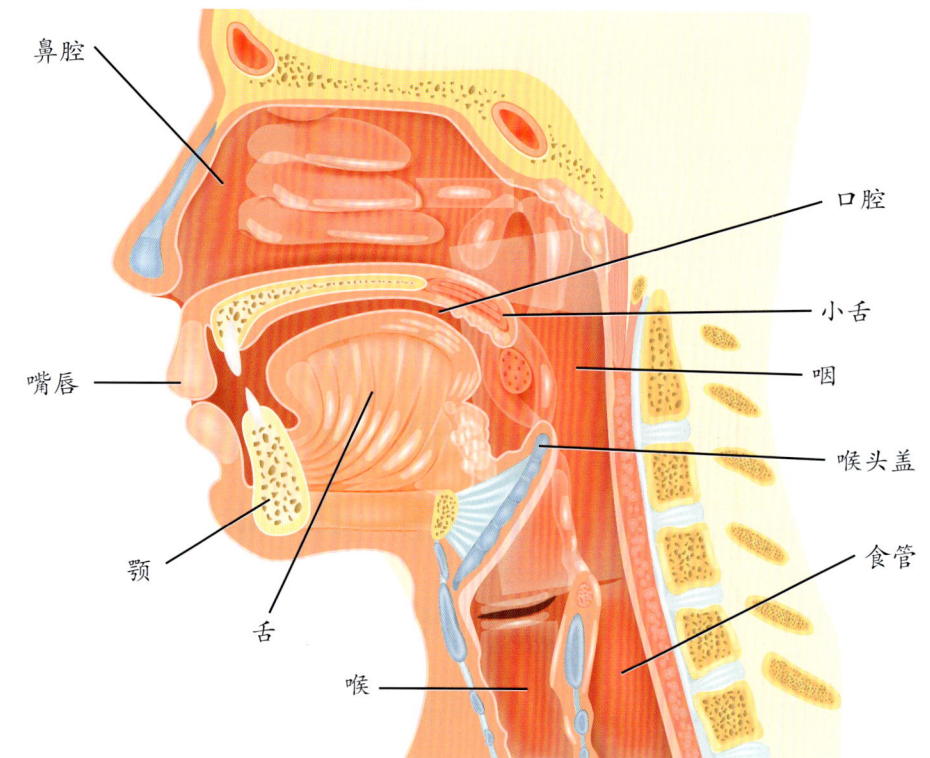

牙的类型

牙齿是我们咀嚼食物的器官，我们的一生共有两套牙齿。第一套牙齿被称为"初牙"，几年到十几年后会被恒牙所取代，恒牙伴随人的大半生乃至一生。恒牙全部出齐共32颗，可分为4种类型，分布在口内不同的部位，具有不同的功能。门牙和犬牙位于口腔前部，主要功能是将食物咬碎；前磨牙和磨牙位于口腔后部，上下牙接触面大而平，主要被用来咀嚼食物。有些人到20多岁时还会长牙，在牙齿的后端，被称为"智齿"，也属于磨牙。

牙齿内部

在很多脊椎类动物身上都有牙齿，牙齿是人类和高等动物咀嚼食物的器官，是人体最坚硬的器官。通常来说，牙齿是白色的，但不是那种纯白，正常人的牙齿略显微黄色。牙齿的形状不同，用途也不一样。

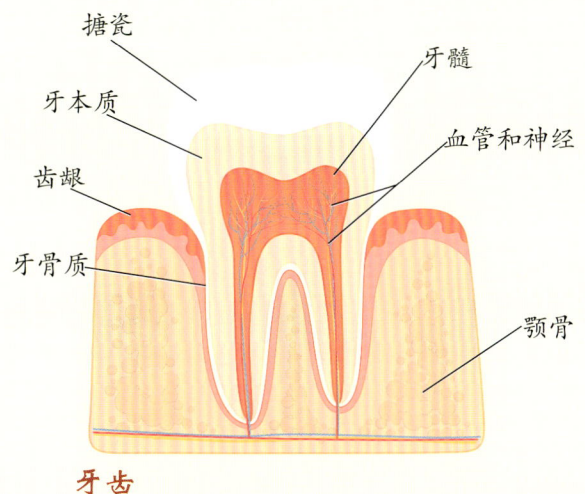

牙齿

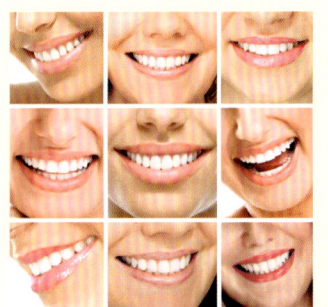

每颗牙都可以分为上下两部分，上面是我们能看得见的牙冠，有光滑的牙釉质层，质地非常坚硬，可以很好地咀嚼食物；下面的我们看不到，藏在牙龈中，是牙本质构成的牙根。在牙本质的内部有牙髓腔，腔内有血管和神经，血管负责把血液提供给牙细胞。其神经末梢具有测知压力、冷热的功能，同时可以传导疼痛信号。

保护牙齿

牙齿是一颗颗独立的，两颗牙齿间存在着空隙，食物残渣和细菌微生物很容易在这些空隙间滋生。牙齿受细菌微生物的影响很容易形成龋齿，不仅影响美观，还会影响牙齿的基本咀嚼功能，甚至会伴有难忍的疼痛。所以，我们一定要保护好牙齿，维护好口腔的卫生。

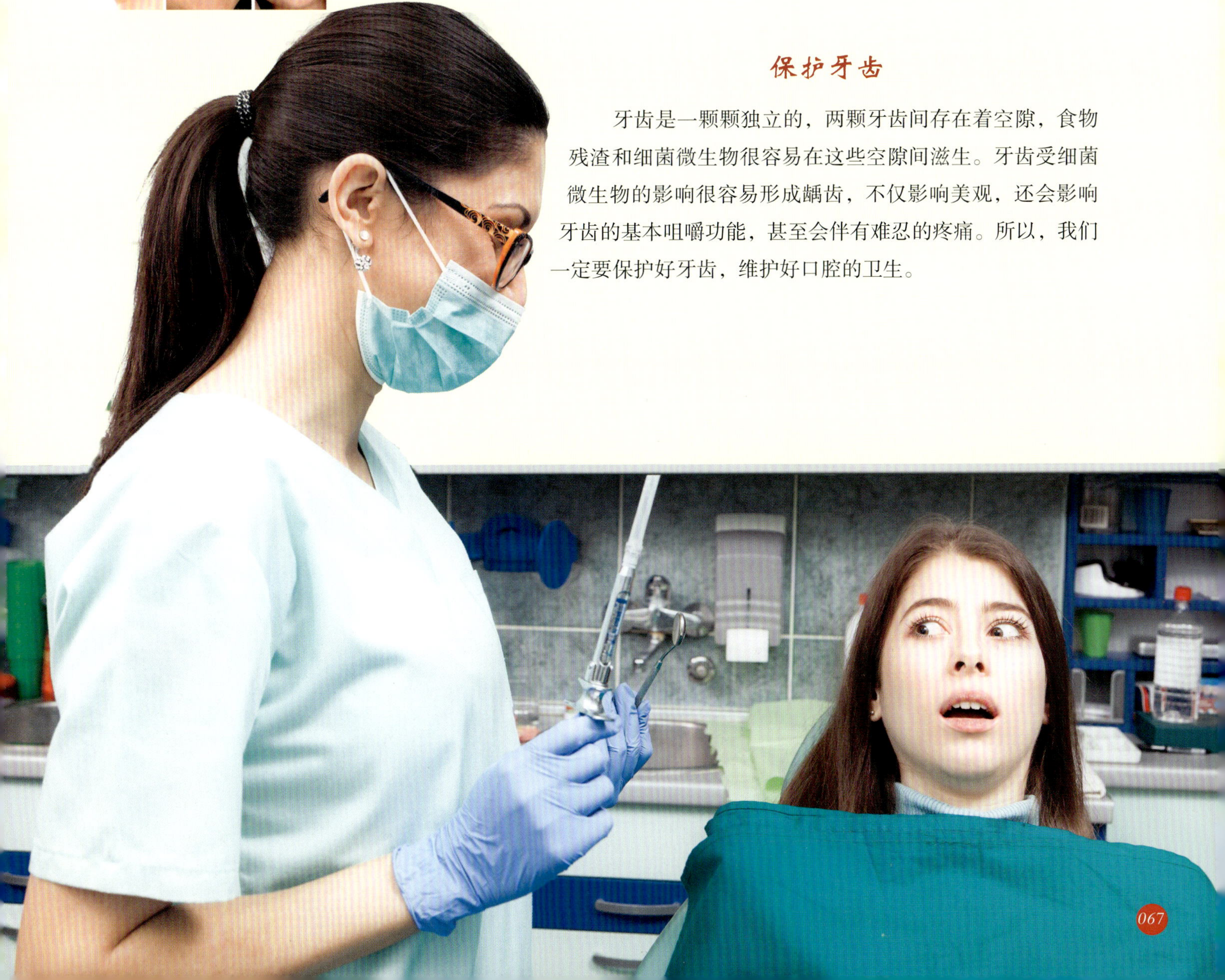

胃和小肠

食道下端的扩大部分即是胃，它位于膈下，上面与食道相连，下面与小肠相通。胃通过蠕动来搅磨食物，并且使食物和胃液进行充分混合。小肠是消化食物、吸收营养的主要场所，位于腹部，上端连接幽门与胃部相通，下端经阑门和大肠相连。

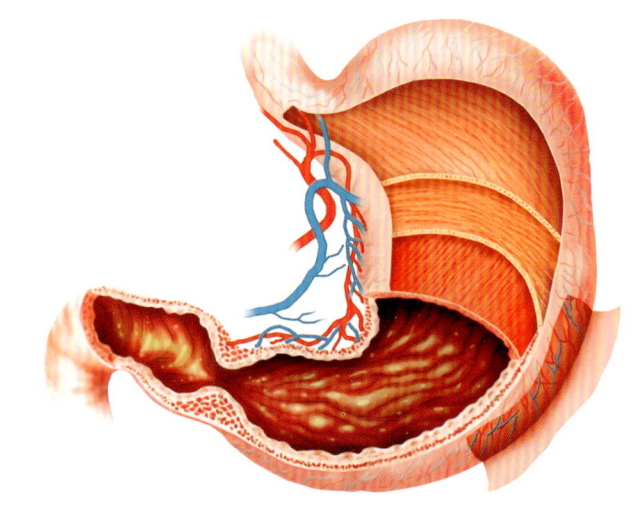

胃中的挤压和搅拌

胃壁由3层肌肉组成，每层呈不同的角度排列着。这些肌肉通过强烈的收缩，使食物受到挤压并与胃液混合，从而使食物中的蛋白质被胃蛋白酶分解成更简单的物质。

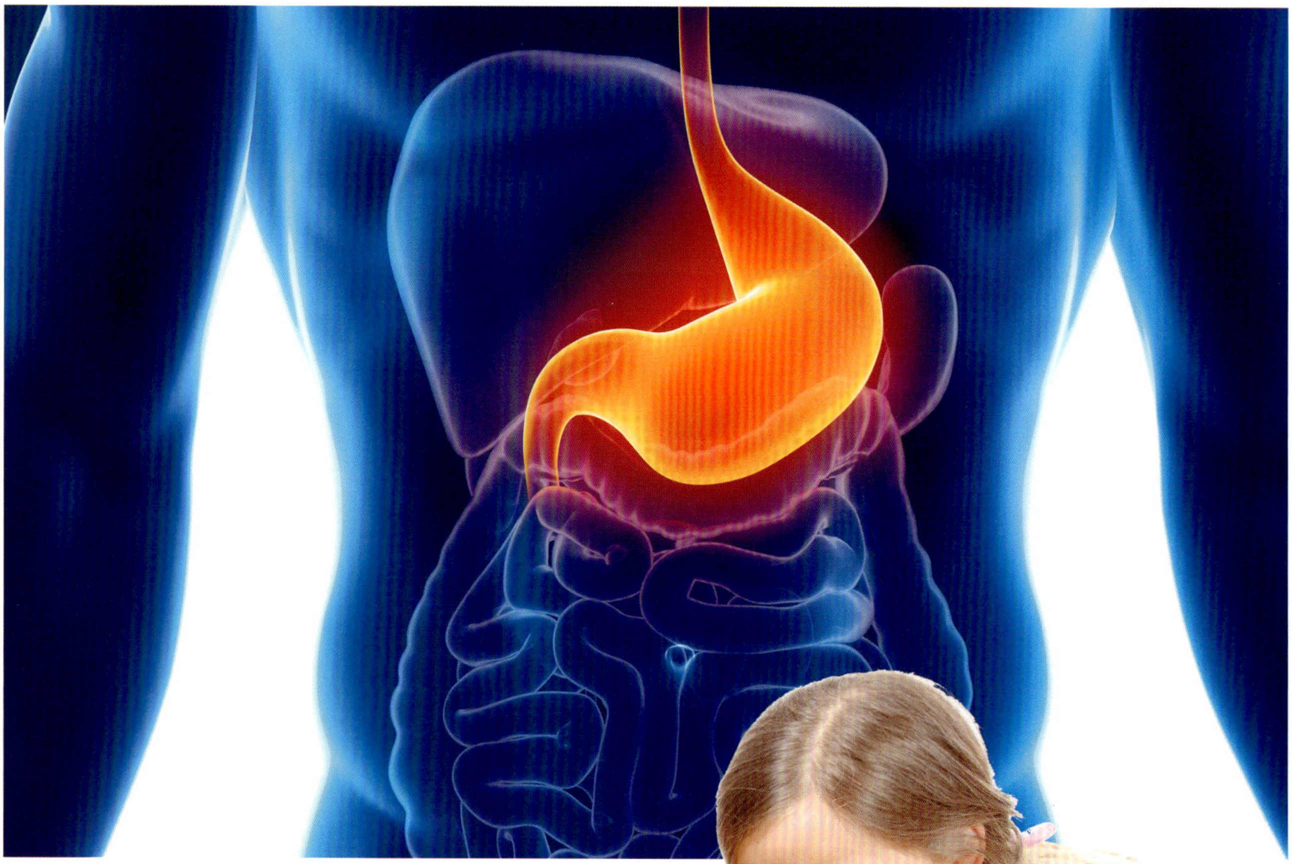

是什么使你呕吐？

胃内壁被某些东西刺激会引起恶心的感觉，从而激起呕吐反射。这时的膈肌和腹肌进行收缩，使胃部受到挤压而把食物往上推，迫使食物从嘴里出去。

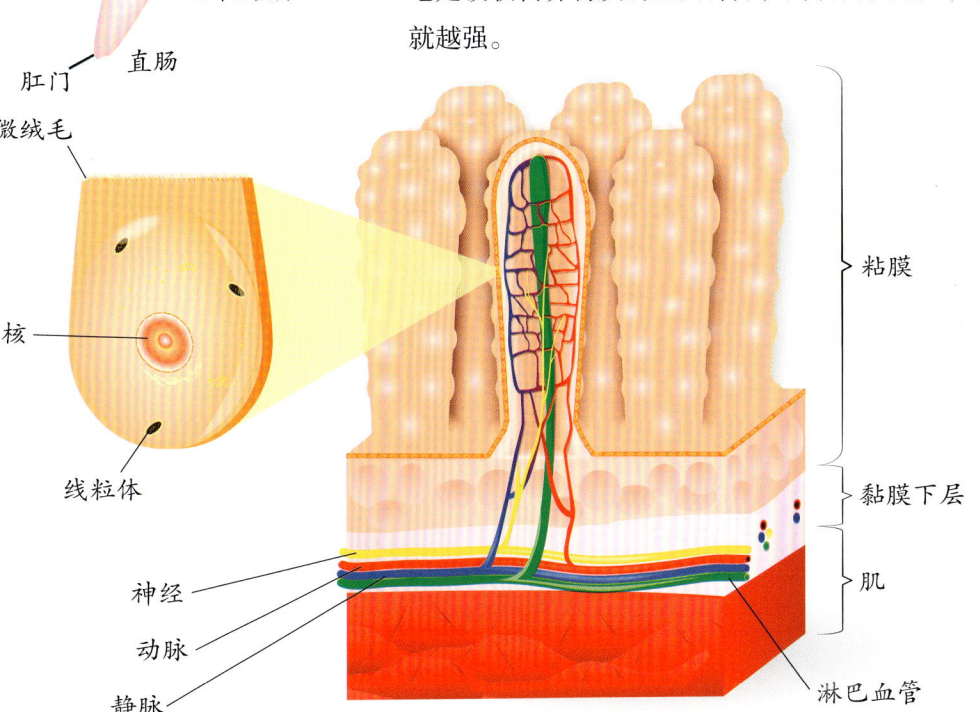

小肠的具体介绍

食物在小肠内一般停留 3—8 小时，被分解成可以被吸收的小分子物质，使其营养物质能被充分吸收。小肠全长 4—6 米，是消化管中最长的部分，盘曲在腹腔内。小肠黏膜形成许多环形皱褶和大量绒毛，每条绒毛的表面有一层柱状上皮细胞，细胞顶端的细胞膜又形成许多细小的凸起，被称为"微绒毛"。这些特殊的结构使小肠黏膜的表面积增加了 600 倍，可以达到 200 平方米左右。小肠绒毛是吸收营养物质的主要部分，内表面积越大，吸收能力就越强。

小肠的吸收过程

小肠壁上的肠腺分泌的肠液进入小肠腔内，胰腺分泌的胰液和肝脏分泌的胆汁也通过导管进入肠腔内。食物在这些消化液的作用下变成乳状，再经过消化液中各种酶的作用，最终食物中的淀粉分解为氨基酸，脂肪分解为甘油和脂肪酸。大部分营养物质在小肠内被吸收，食物残渣、部分水分和无机盐等则借助小肠的蠕动被推到大肠里。在大肠中仍不能消化的食物残渣与水混合成粪便，经肛门排出体外。

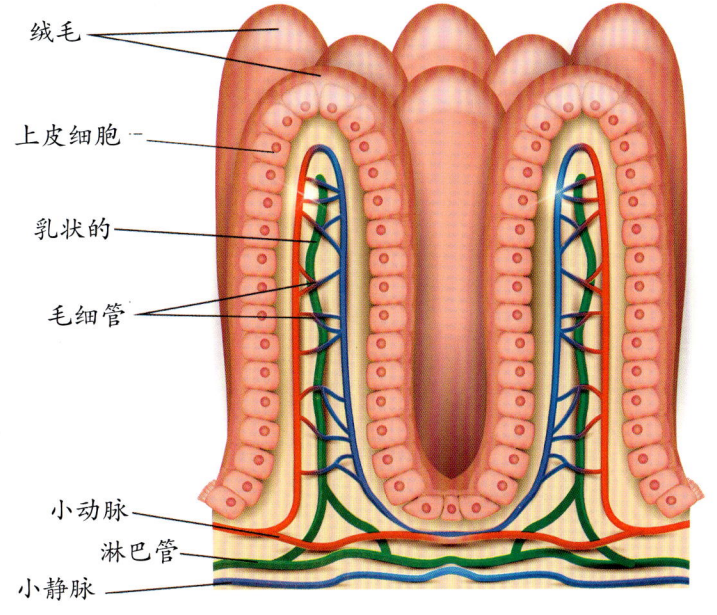

大肠

大肠可以对食物残渣中的水液进行吸收，并可以有度排出食物残渣自身形成的粪便，是人体重要的脏器、人体消化系统的重要组成部分。大肠是消化道的下段，起自回肠，包括盲肠、阑尾、结肠、直肠和肛管5个部分，全长约1.5米。

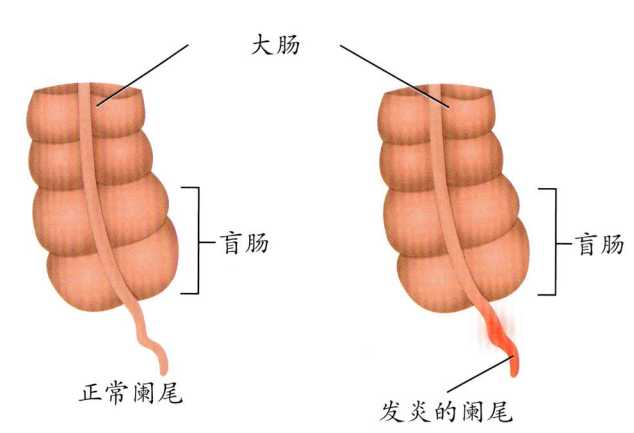

正常阑尾　　发炎的阑尾

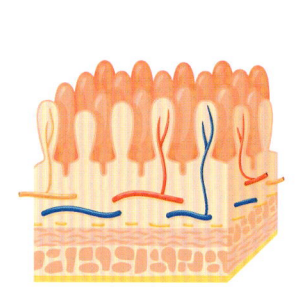
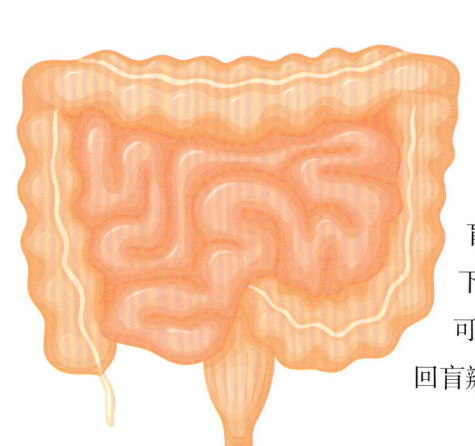

盲肠

盲肠指的是大肠起始部位的膨大盲端，位于右髂窝内，向上与升结肠相通，左边与回肠相连。连接回肠和盲肠的连通口被称为"回盲口"，口处的黏膜被称为"回盲瓣"，折成上、下两个半月形的皱襞。回盲瓣有括约肌的作用，可以防止大肠内的食物发生逆流进入小肠。在回盲瓣下方大约2厘米的地方就是阑尾的开口处。

阑尾

阑尾的形状就像蚯蚓一样，所以又被称为"蚓突"。阑尾上端与盲肠的后内壁相连通，下端是游离的，一般有2—20厘米长，直径有0.5厘米左右。整个阑尾都富有阑尾系膜，具有较大的活动性。

为什么要有阑尾？

阑尾很细，像一条小蚯蚓，一头是盲端。很长一段时间里，人们认为阑尾对人体没有任何的功能。但现在的科学家通过研究发现，阑尾是免疫系统的一部分，在人体的防御机制中起着一定的作用。阑尾可以储存对人友善的细菌。如果遇到腹泻，结肠里的友善细菌会随着稀便被排出体外。这时候，阑尾就会发挥作用，放出储存的友善细菌去取代它们。

结肠

结肠位于盲肠和直肠之间，根据其所在的位置和形态，结肠又可分为4个部分：升结肠、横结肠、降结肠和乙状结肠。

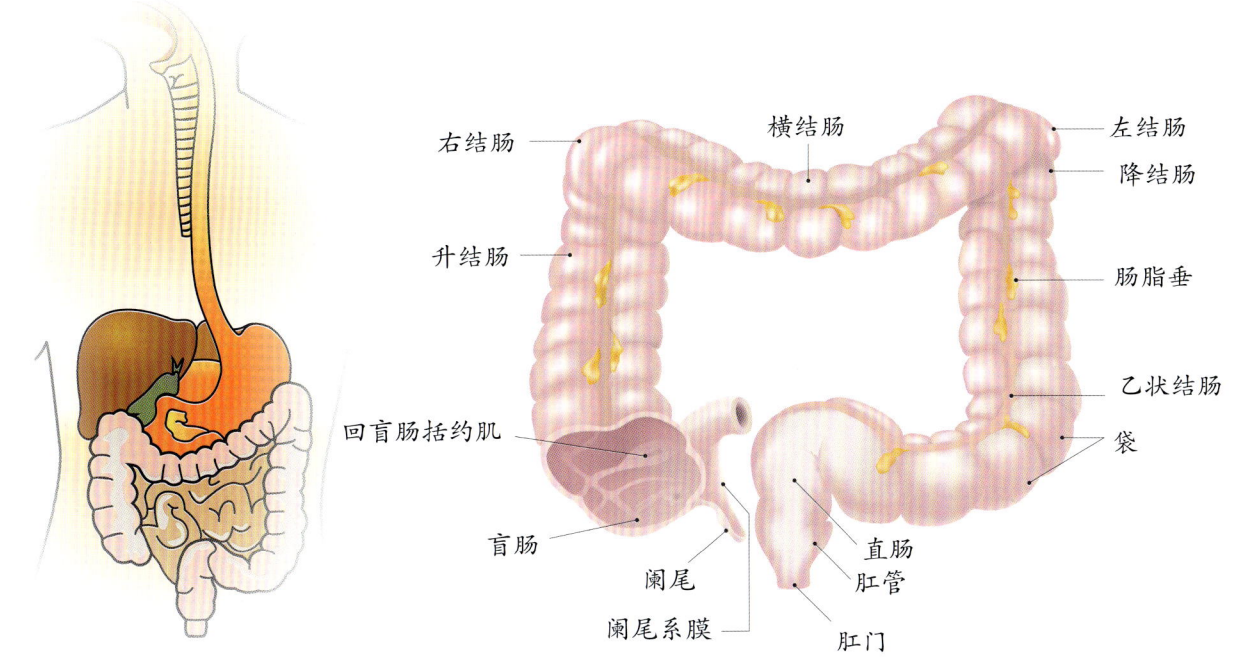

粪便排出原理

直肠在正常情况下是空的，粪便在结肠收缩力的作用下进入直肠。这时，直肠壁扩张，发出要排便的信号。肛门处有两块强有力的括约肌，平常状态下它们使肛门紧闭。收到排便信号后，两块括约肌会变得松弛，在直肠壁的收缩下，粪便被推出开放的肛门。

结肠中友好的细菌

有数以万计的细菌生活在结肠中，这些细菌大多是对人体友善或有帮助的。人体内的酶并不能消化所有的物质，而这些细菌却能从这些无法被酶消化的物质中释放出有用的营养物质，比如维生素K，以便人体吸收。

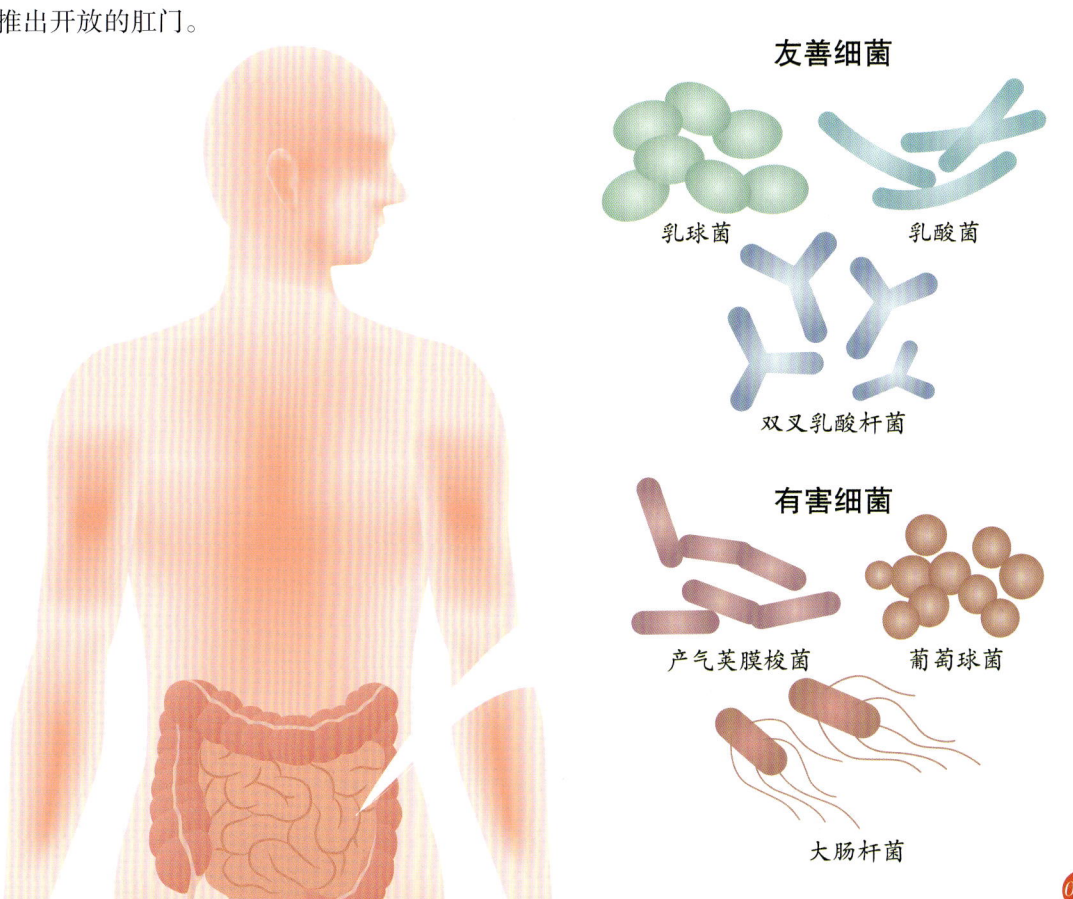

消化

食物除了可以给身体提供燃料，还含有13种对健康极为重要的维生素。虽然人体所需的维生素量很小，但如果体内缺少了维生素，人的健康就会受到损害，甚至可能患上疾病。补充充足的维生素，可以使人的气色很好。

什么是维生素？

人体需要多种维生素，每种维生素在体内都有各自独特的功能，比如维生素C，可以抗坏血酸；维生素B2是一种核黄素。每种维生素都是一种复杂的自然化合物，多种维生素都是用拉丁字母来命名的，有的维生素的名字里还带有数字。维生素是人和动物为维持正常的生理功能必须从食物中获得的一类微量有机物质，在人体成长、代谢、发育过程中发挥着重要的作用。因此，我们的日常饮食要丰富多样，才能获取足够的维生素和营养物质。

夜盲症

夜盲症是一种眼病，病患到了夜里眼睛就看不见东西了。古罗马人用一种奇怪的疗法来治疗这种病。他们会烧烤一只山羊，取出山羊肝脏的脂肪，把脂肪抹在病人的眼睛里，同时让病人吃一些山羊肝。非常神奇的是，这样一来，病人的眼睛就可以看到东西了。这是怎么回事呢？原来，患夜盲症的人是因为体内缺乏维生素A。维生素A可以帮助人在夜里看清东西，而肝脏中恰好含有丰富的维生素A，所以能治好夜盲症。

肝脏

肝脏是人体重要的器官之一，其主要功能是代谢功能，同时也具有去氧化、储存肝糖、合成分泌性蛋白质等作用。肝脏还可以制造消化系统中需要的胆汁。

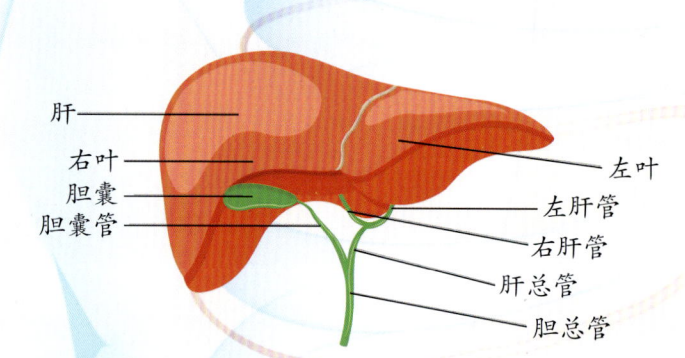

肝脏的形态

正常肝的颜色是红褐色的，质地是柔软的。成年人的肝的重量大约相当于体重的2%。统计数据显示，我国成年男性肝的重量在1157克至1447克之间，女性则在1029克至1379克之间。最重的肝有2000克左右，长约20.8厘米，宽约15.2厘米，厚约5.8厘米。

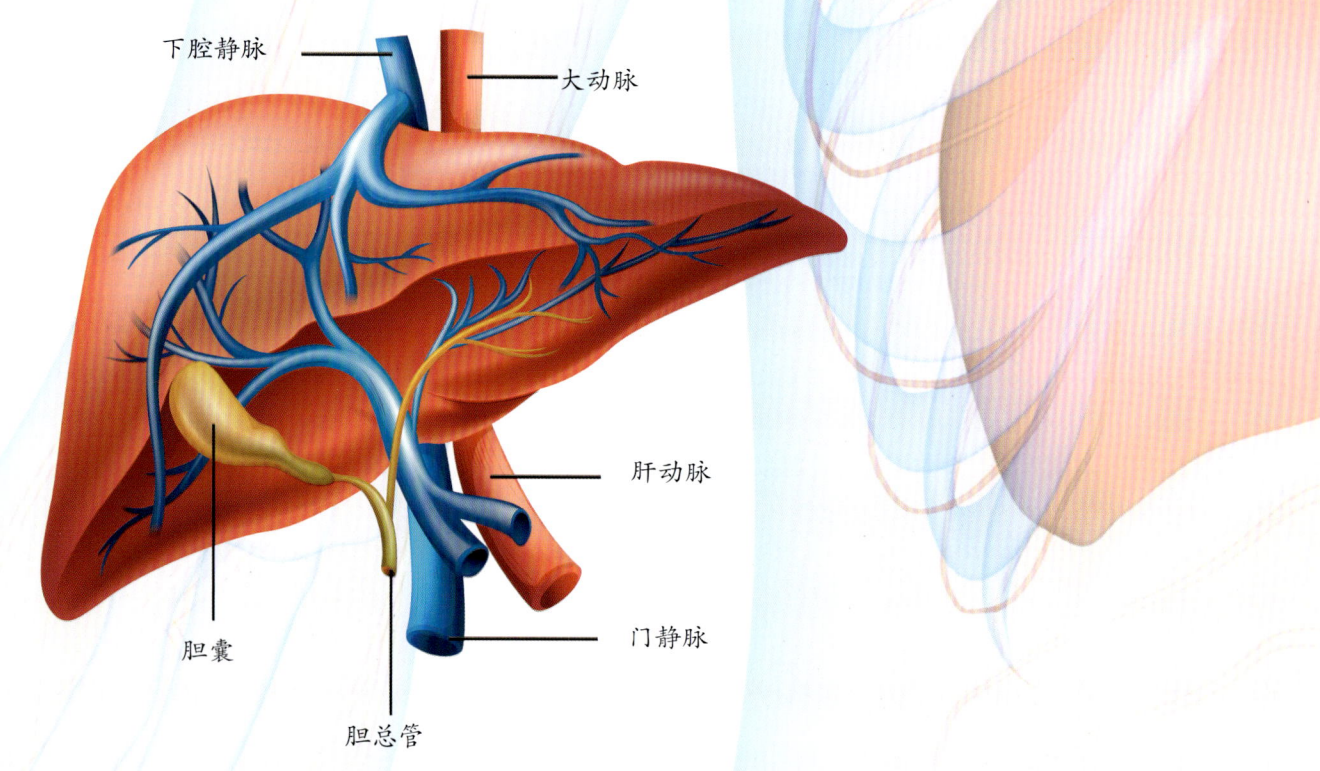

衰老的标志

人的衰老能被明显观察到的是外部体态与容貌上的改变。其实，衰老的表现还体现在体内各内脏器官的变化，其中肝脏的改变就非常明显。衰老首先表现在肝血流量的减少上。男性在25岁以后，肝脏循环血流量平均每年以0.3%—1.5%的速度在下降，女性60岁时的肝内流血量比20岁时大约减少了40%—50%。据研究显示，60岁以后，人体肝细胞数量会随年龄增长而锐减，肝脏开始变硬，重量也明显下降。90岁老年人和30岁的青年人相比，肝脏的平均重量减少了近一半。

肝脏的位置

通过体表投影，我们可以清楚地看到，肝的上界在右锁骨中线第 5 肋骨、右腋中线第 6 肋骨处。肝的最下界和其前缘一样，都在肋弓的最低点，沿着右肋弓下缘向上走，到第 8、9 肋软骨结合的地方便离开肋弓，然后斜着向左上方，一直到前正中线，再往左侧到肋弓和第 7、8 软骨的结合处。

肝脏的功能

肝脏的主要功能是解毒，它可以对来自体内和体外的许多非营养物质进行生物转化，如各种药物、毒物以及体内某些代谢产物，它通过新陈代谢把这些物质进行彻底分解或者直接排出体外。

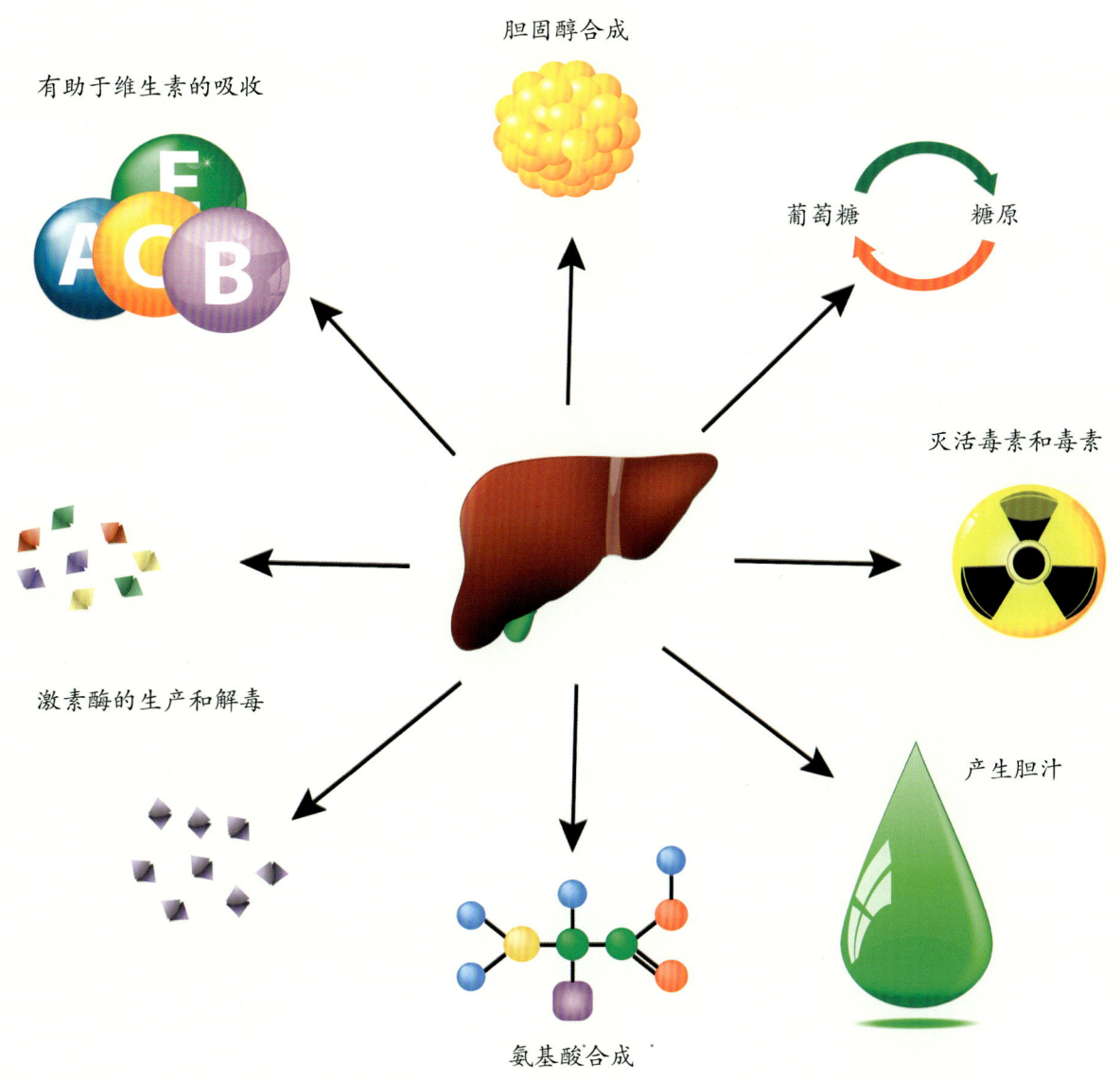

肾

肾是脊椎动物的一种重要器官，是泌尿系统的一部分，主要任务是过滤血液中的杂质，维持体液和电解质的平衡，产生尿液并最终经由尿道排出尿液。肾还具有内分泌的功能，通过内分泌来调节血压。

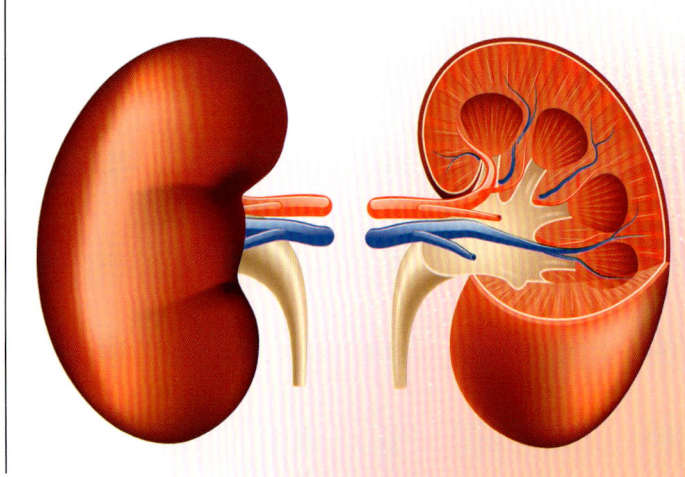

肾的简介

肾脏属于分泌系统，位于脊椎两侧，紧贴腹后壁，居腹膜后方，是一个成对的器官，分左肾和右肾，形状像蚕豆。肾有10—12厘米长、5—6厘米宽、3—4厘米厚，重量大约有120—150克。两肾比较起来，左肾稍微大一些，肾纵轴上端向内，下端向外，所以两肾的上端离得比较近，下端离得比较远。肾纵轴和脊柱之间有一个角度，大约是30度。

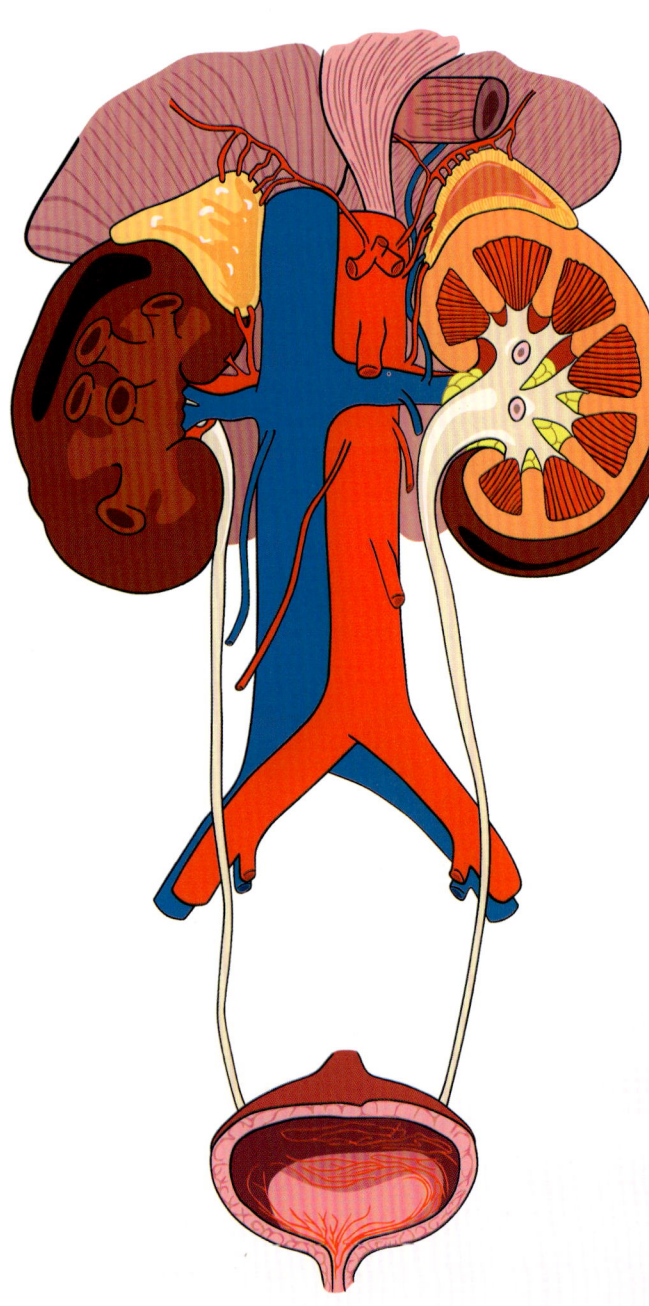

尿液储存器——膀胱

肾脏产生尿液但并不储存尿液，尿液储存在膀胱中。输尿管壁的肌肉通过波浪状向前收缩把肾脏产生的尿液送入膀胱中，在膀胱里储存起来。当尿液到达一定的量，膀胱会向大脑发出需要排空的信息。然后，尿液会通过尿道排出体外。

每天必不可少的休息时间

我们每天产生的尿液大约有 1.5 升。当膀胱盛满尿液时,膀胱肌壁的神经末梢就会向大脑发出信号:该去上厕所了,休息一下吧。膀胱的出口处有一块括约肌,平时使出口紧闭,当你准备排尿时,括约肌就会松弛下来,同时膀胱的肌肉进行收缩,尿液被排出体外。

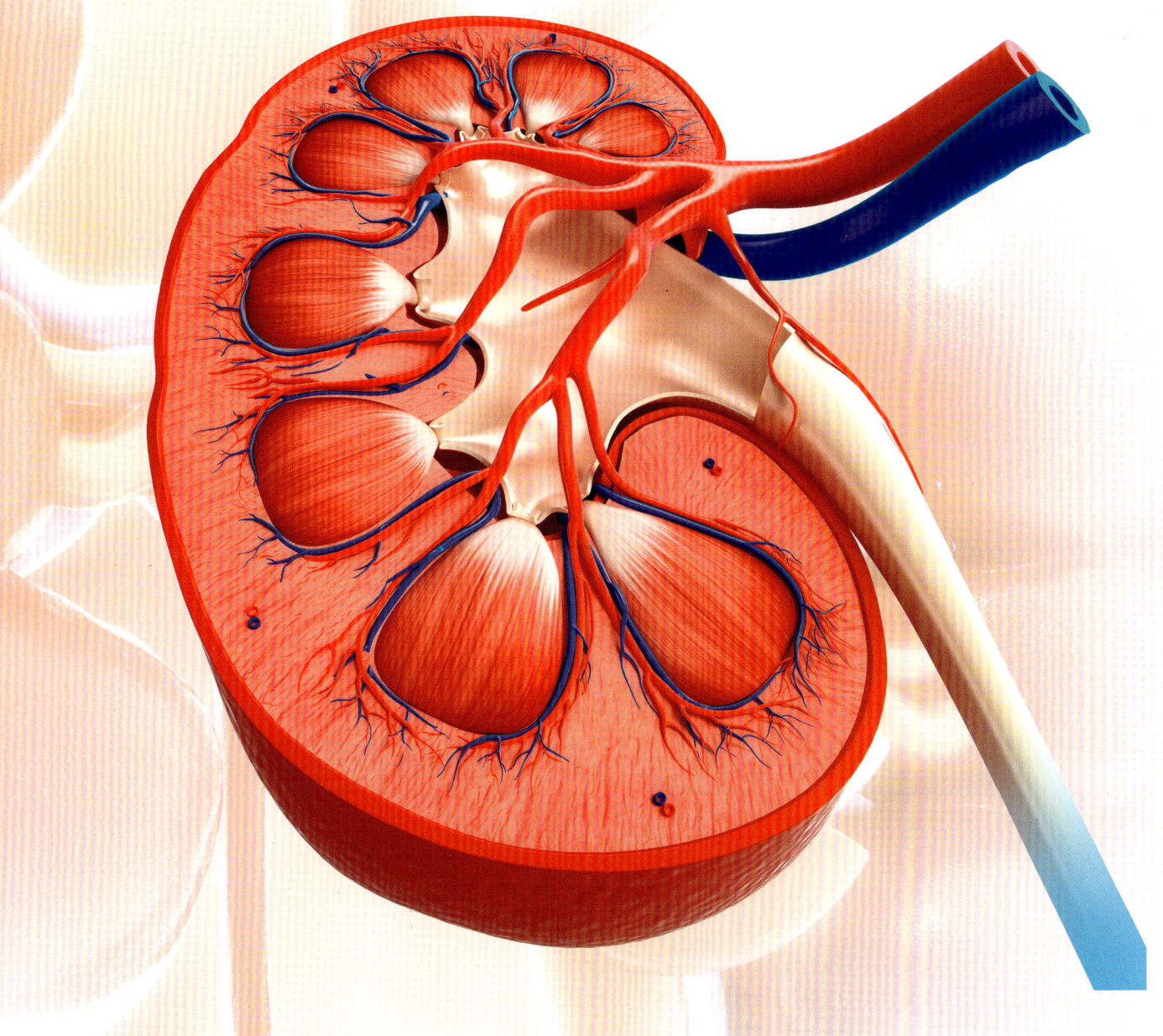

其他任务

肾脏不仅可以过滤和净化血液,产生尿液,它还有控制血压的功能,可以帮助血压保持在安全的范围之内。肾脏也可以释放出一种激素,这种激素能够增加骨骼里红细胞的产量。除了这些,肾脏还可以活化晒太阳后皮肤里生成的维生素 D。人体所需的钙质的吸收,需要活性维生素 D 的帮忙。有了活性维生素 D,钙才能被小肠吸收,成为构建骨骼所需的物质。

呼吸系统的疾病

我们生存的环境中，有无数的微生物存在于空气中，当人们呼吸的时候，这些微生物就会进入人们的呼吸道，就可能会导致呼吸道感染。常见的呼吸系统疾病包括过敏源或者刺激物引起的呼吸道损伤以及肿瘤。

感冒

感冒是最常见的一种呼吸系统疾病，危险性较小。当病人咳嗽或者打喷嚏的时候，病毒会通过空气进行传播，容易传染给别人。紧密接触是另外一种传播途径，如握手、使用共同的物品等。感冒的症状有打喷嚏、流鼻涕、头痛、喉痛、咳嗽和眼睛红痛等。感冒病毒对抗生素具有很大的抵抗性，很多感冒药只能对症下药。

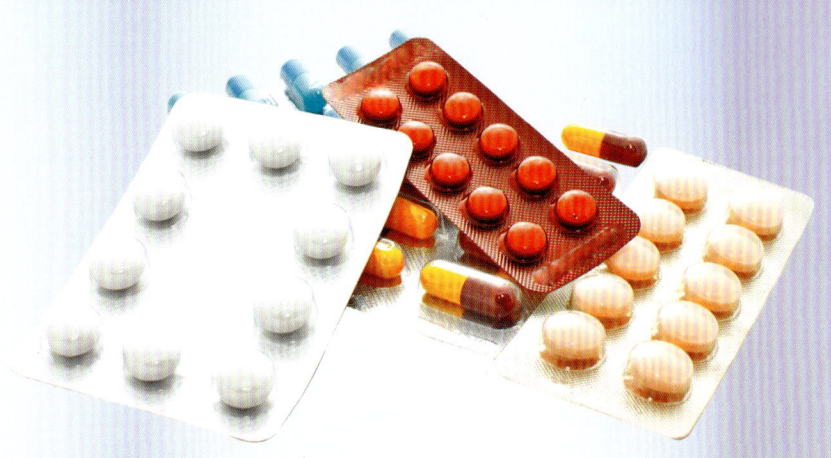

流行性感冒

通常所说的流行性感冒主要是指上呼吸道感染，常见的身体症状有体温升高、发热、出汗，有的人甚至还会感到肌肉疼痛，有的人在感冒好了之后，还会有疲惫感。流行性感冒病毒被标记为A、B、C三种，具有很强的传染性。流感病毒A具有规律性，会感染家畜和家禽；流感病毒B通常在人群聚集的地方发生，引起阵发性流感；流感病毒C引发严重症状的时候很少。因为病毒具有突变性，所以每年人们都会准备新的流感疫苗。

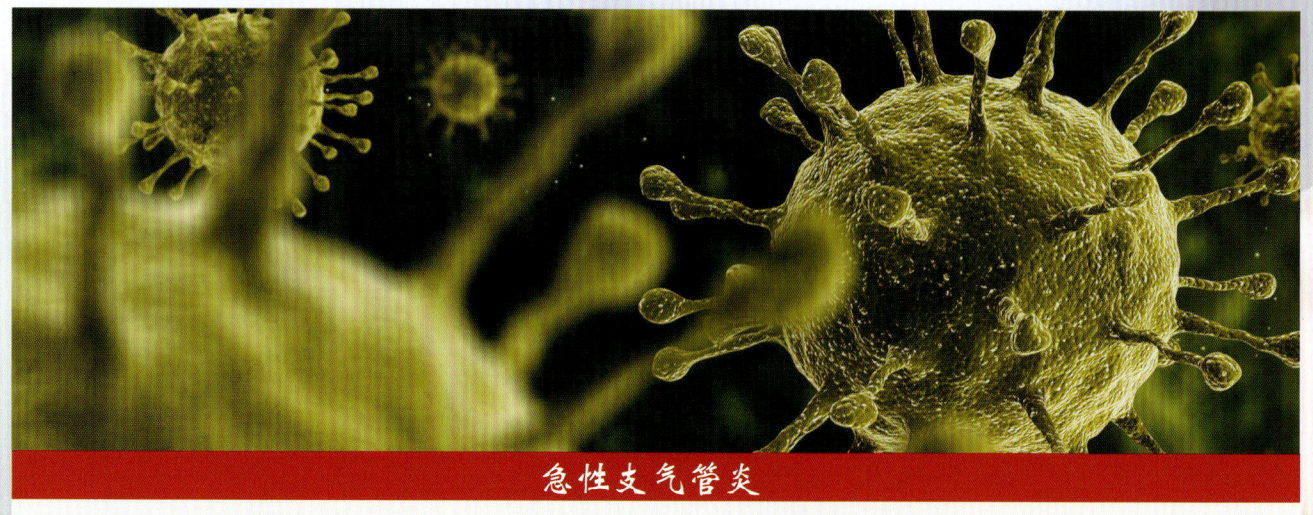

急性支气管炎

支气管的炎症叫作"支气管炎"。它发作迅速，可能是呼吸道感染的并发症。发作的时候会出现咳痰、胸闷、低烧和喘息现象，不过健康的人群会在数天后恢复健康。

哮喘

哮喘是一种慢性气道炎症，又名"支气管哮喘"。当肺呼吸道变得狭窄的时候，就会发生呼吸困难和喘息的现象。因为人体的自身情况不同，有的人偶尔会有轻微的发作，有的人则病症严重，可能会危及到生命。当哮喘发作时，呼吸道管壁平滑肌痉挛，气道变窄，再加上粘液分泌过量，导致气管更加狭窄。大部分儿童哮喘是对一些东西过敏导致的。

正常的

哮喘

慢性阻塞性肺病

慢性阻塞性肺病会导致肺组织损害，使呼吸短促，气流不通顺，主要包括慢性支气管炎和肺气肿，这两种疾病经常同时发生。

慢性支气管炎

当慢性支气管炎发生的时候，通向肺的主要呼吸道支气管会变得红肿、充血、狭窄。这时候，呼吸道分泌的粘液增多。在潮湿阴冷的时候，慢性支气管炎最早的症状是咳嗽，这也是最棘手的症状，有的甚至会持续一年之久。同时，嘶哑、喘息、气喘等也相继发生，病情严重的病人在休息的时候也会感到气短。

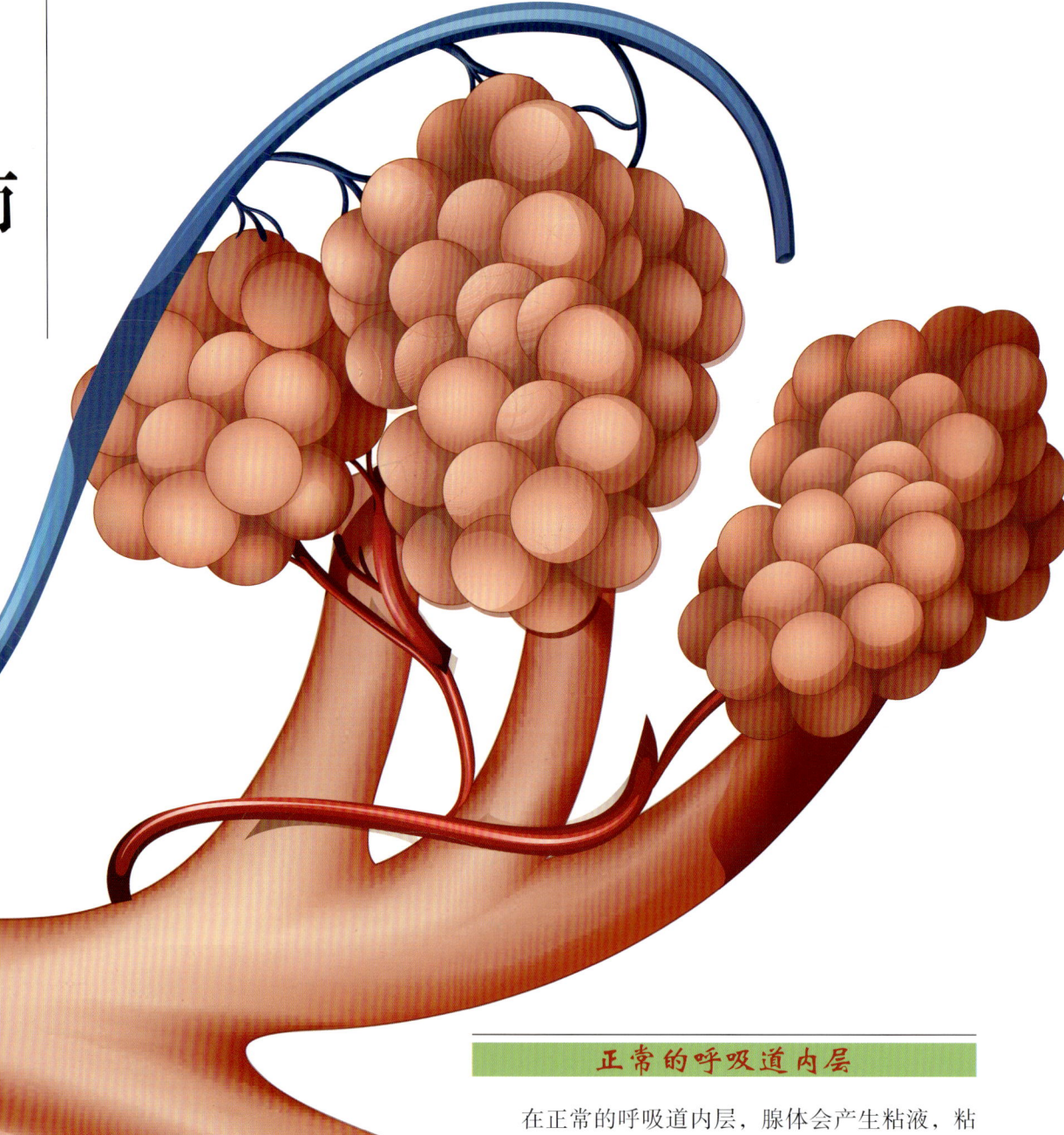

正常的呼吸道内层

在正常的呼吸道内层，腺体会产生粘液，粘液会限制尘埃和细菌的吸入量。粘液在表面的细小纤毛推动下向上进入喉，然后被咳出，或者被咽下。

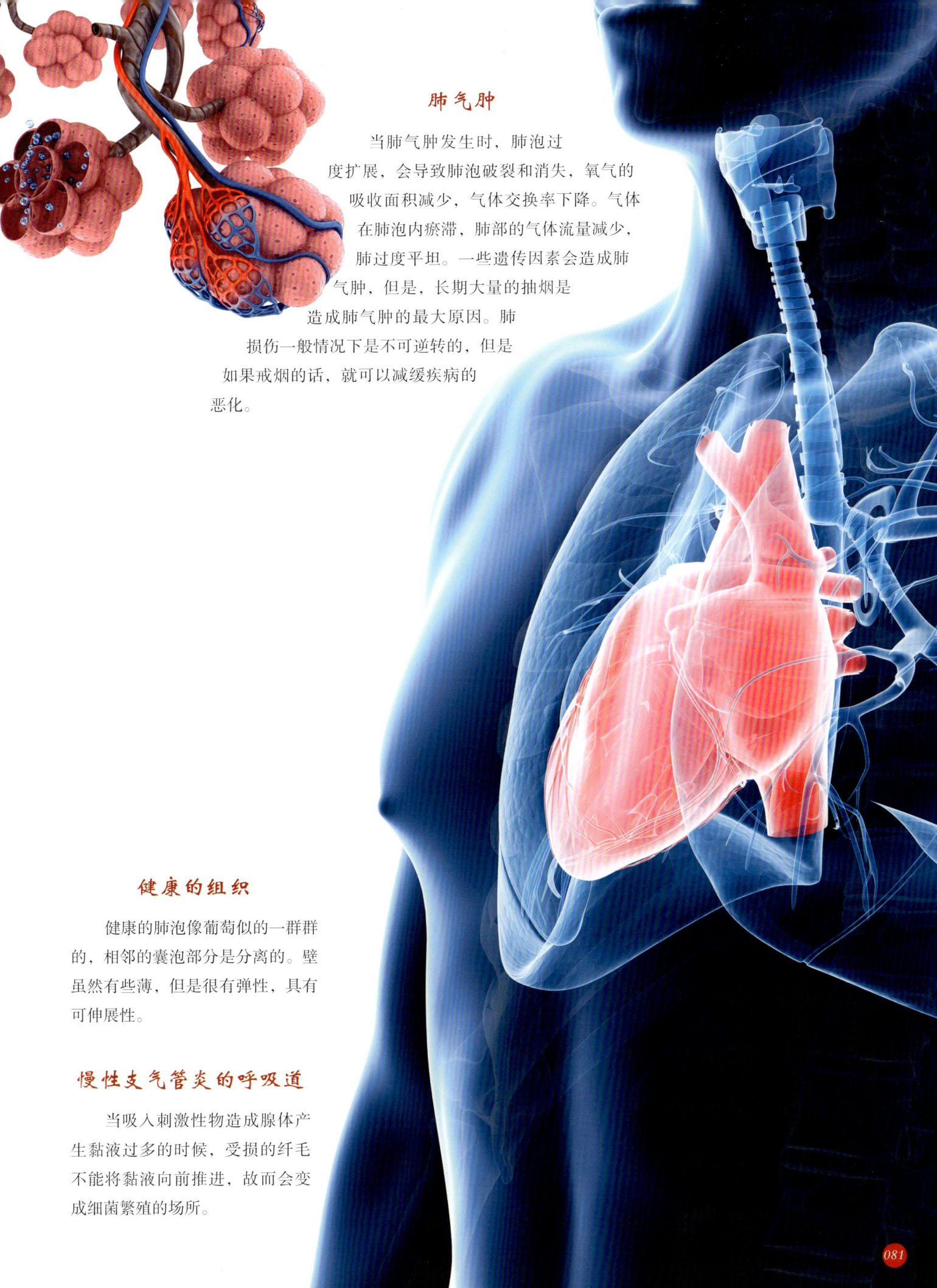

肺气肿

当肺气肿发生时,肺泡过度扩展,会导致肺泡破裂和消失,氧气的吸收面积减少,气体交换率下降。气体在肺泡内瘀滞,肺部的气体流量减少,肺过度平坦。一些遗传因素会造成肺气肿,但是,长期大量的抽烟是造成肺气肿的最大原因。肺损伤一般情况下是不可逆转的,但是如果戒烟的话,就可以减缓疾病的恶化。

健康的组织

健康的肺泡像葡萄似的一群群的,相邻的囊泡部分是分离的。壁虽然有些薄,但是很有弹性,具有可伸展性。

慢性支气管炎的呼吸道

当吸入刺激性物造成腺体产生黏液过多的时候,受损的纤毛不能将黏液向前推进,故而会变成细菌繁殖的场所。

肺癌

肺癌发生在男性中的比例远远高于女性，那是因为吸烟的男性比女性多。不过，20世纪90年代以来，女性肺癌的发生率迅速上升。

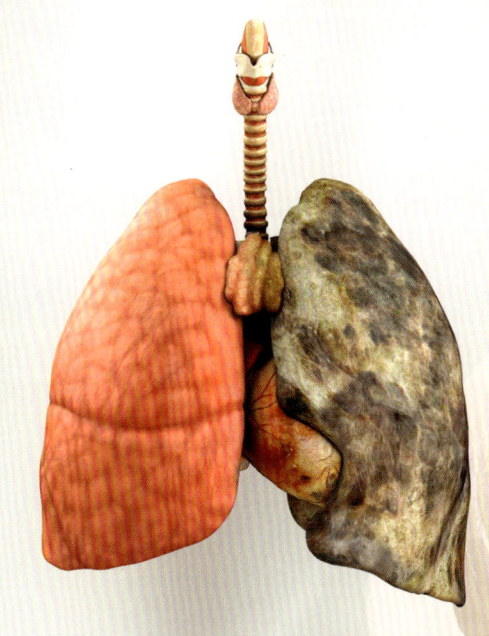

肺癌发生的原因

患肺癌最常见的原因就是抽烟。很多刺激性物质吸入肺部后会导致肺内异常细胞增生，香烟中所含致癌物质多达数千种。肺癌早期症状是持续不断地咳嗽。由于大多数肺癌患者爱好抽烟，所以经常会被误认为是"吸烟者的咳嗽"。其他症状还有呼吸困难、咳嗽有血、嗓子嘶哑、胸痛、体重减轻等现象。如果确诊为肺癌的话，就需要做肺叶切除术，切掉一个肺叶，或者是一侧的肺。化学疗法和放射疗法的目的是减轻症状，而不能治愈疾病。

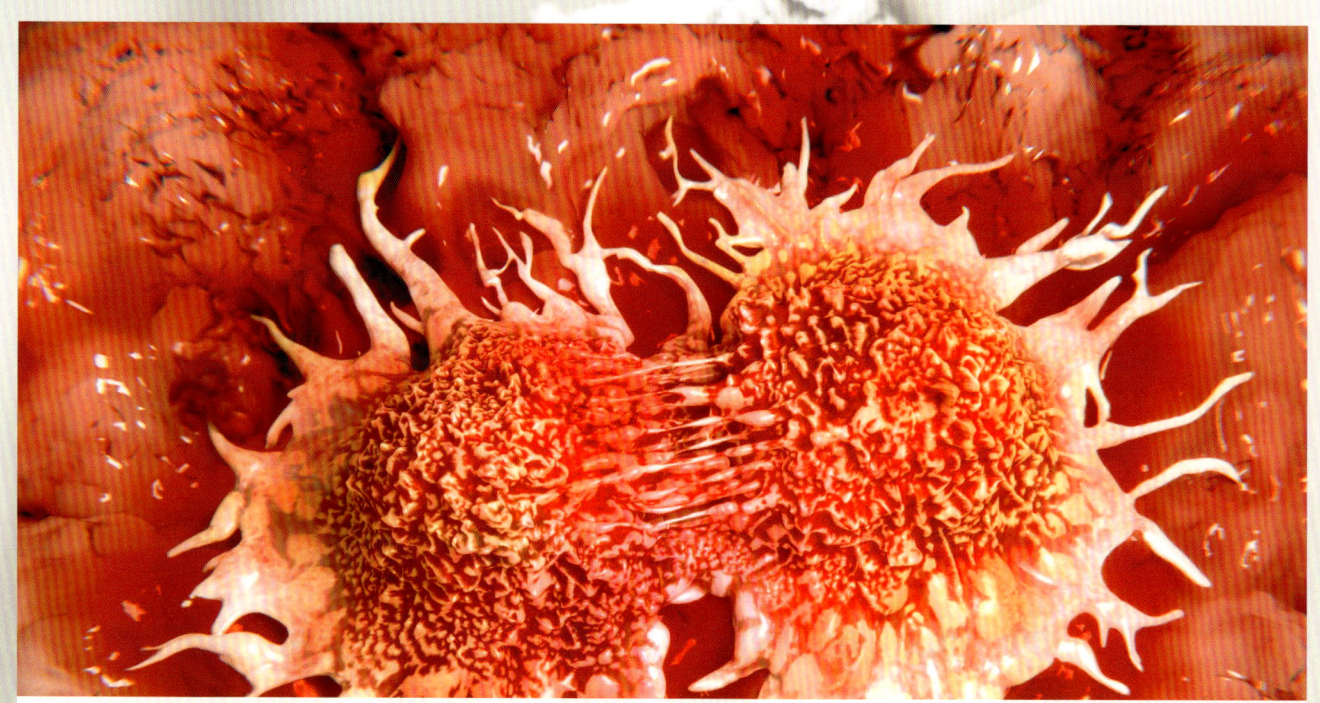

癌细胞扩散

微小的致癌性微粒持续停留在呼吸道中，癌细胞就会继续发展，也有一些细胞会离开，进入血液或者淋巴，引起其他地方患肿瘤。

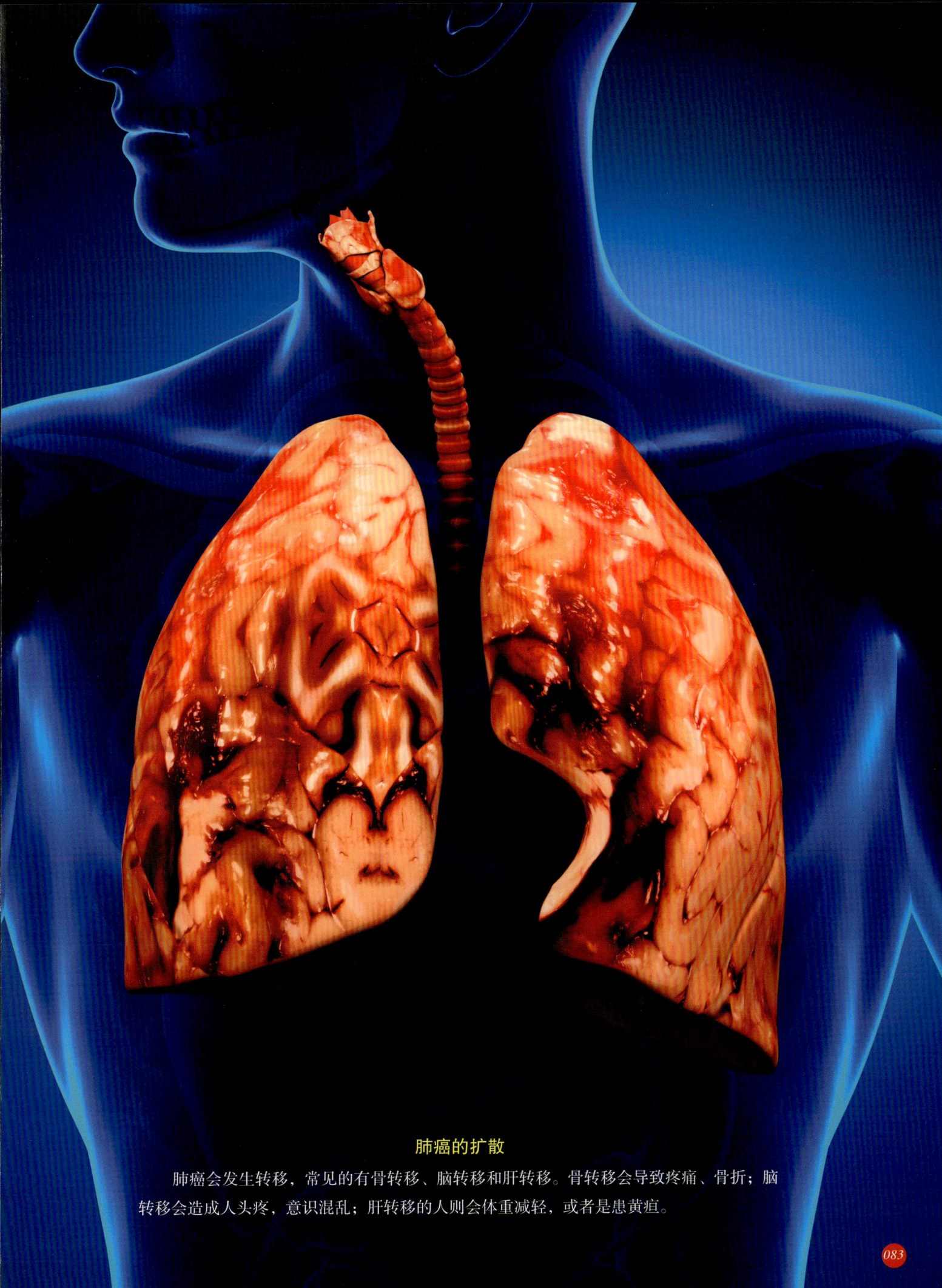

肺癌的扩散

肺癌会发生转移，常见的有骨转移、脑转移和肝转移。骨转移会导致疼痛、骨折；脑转移会造成人头疼，意识混乱；肝转移的人则会体重减轻，或者是患黄疸。

生殖及生命周期

男性生殖系统

男性的生殖器即睾丸，其生殖系统包括两个部分，内生殖器和外生殖器。内生殖器包括生殖腺、输精管道和附属腺。输精管道又包括附睾、输精管、射精管和尿道。附属腺包括精囊腺、前列腺和尿道球腺。外生殖器包括阴囊和阴茎两部分。

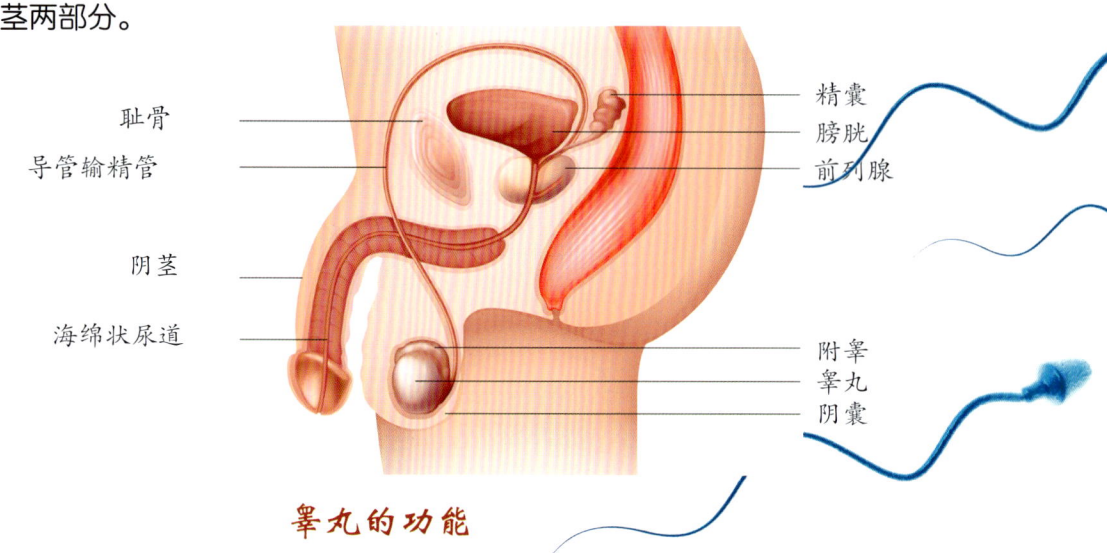

睾丸的功能

睾丸具备两种功能，一是产生精子，一是分泌雄性激素。睾丸由曲精小管与间质细胞组成，它在男性进入青春期后开始发育成熟，曲精小管的管壁会扩大，管壁的成份是生精上皮，生精上皮上面的生精细胞和支持细胞会不断生长。腺垂体分泌精子生成素，间质细胞产生雄性激素，精原细胞在精子生成素的作用下及雄性激素的影响下开始发育，形成精子细胞。精子细胞再变成精子，进入曲精小管腔内。成熟的精子通过曲精小管、直精小管、输出小管进入附睾中贮存起来，射精时随精浆一同排出。如果没有射精，贮存一定时间的精子会被分解然后被组织吸收。

精细胞

精细胞俗称"精子"，只存在于男性体内。男性睾丸每天可产生精子上百万个。精子大头长尾，和蝌蚪有几分相像。精子的头部负载着一半可以创造生命的遗传信息。人在进行生育活动的时候，精子会摆动尾巴去接近卵子。如果精子可以遇到卵子，一个新的生命就此诞生了。

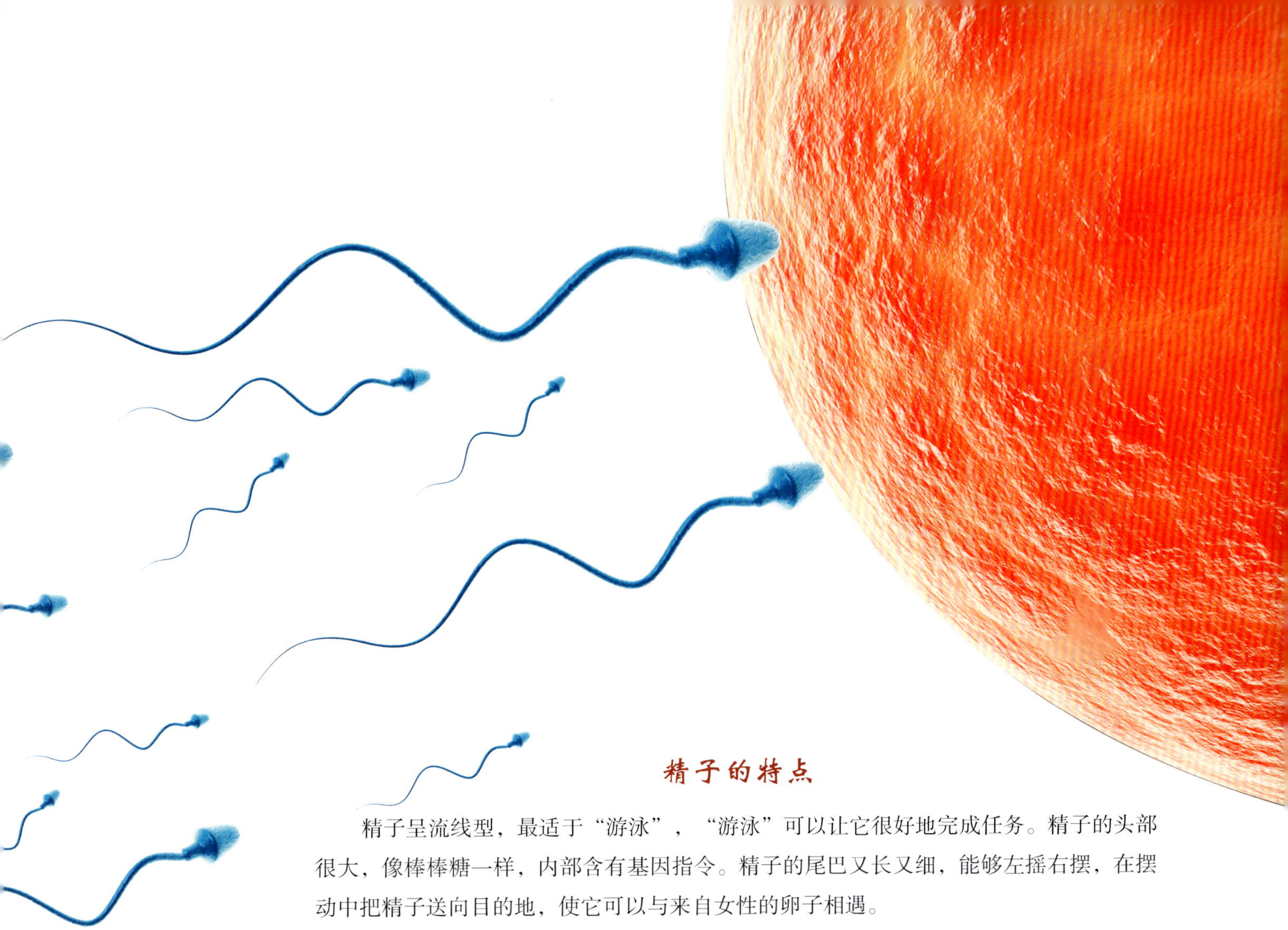

精子的特点

精子呈流线型，最适于"游泳"，"游泳"可以让它很好地完成任务。精子的头部很大，像棒棒糖一样，内部含有基因指令。精子的尾巴又长又细，能够左摇右摆，在摆动中把精子送向目的地，使它可以与来自女性的卵子相遇。

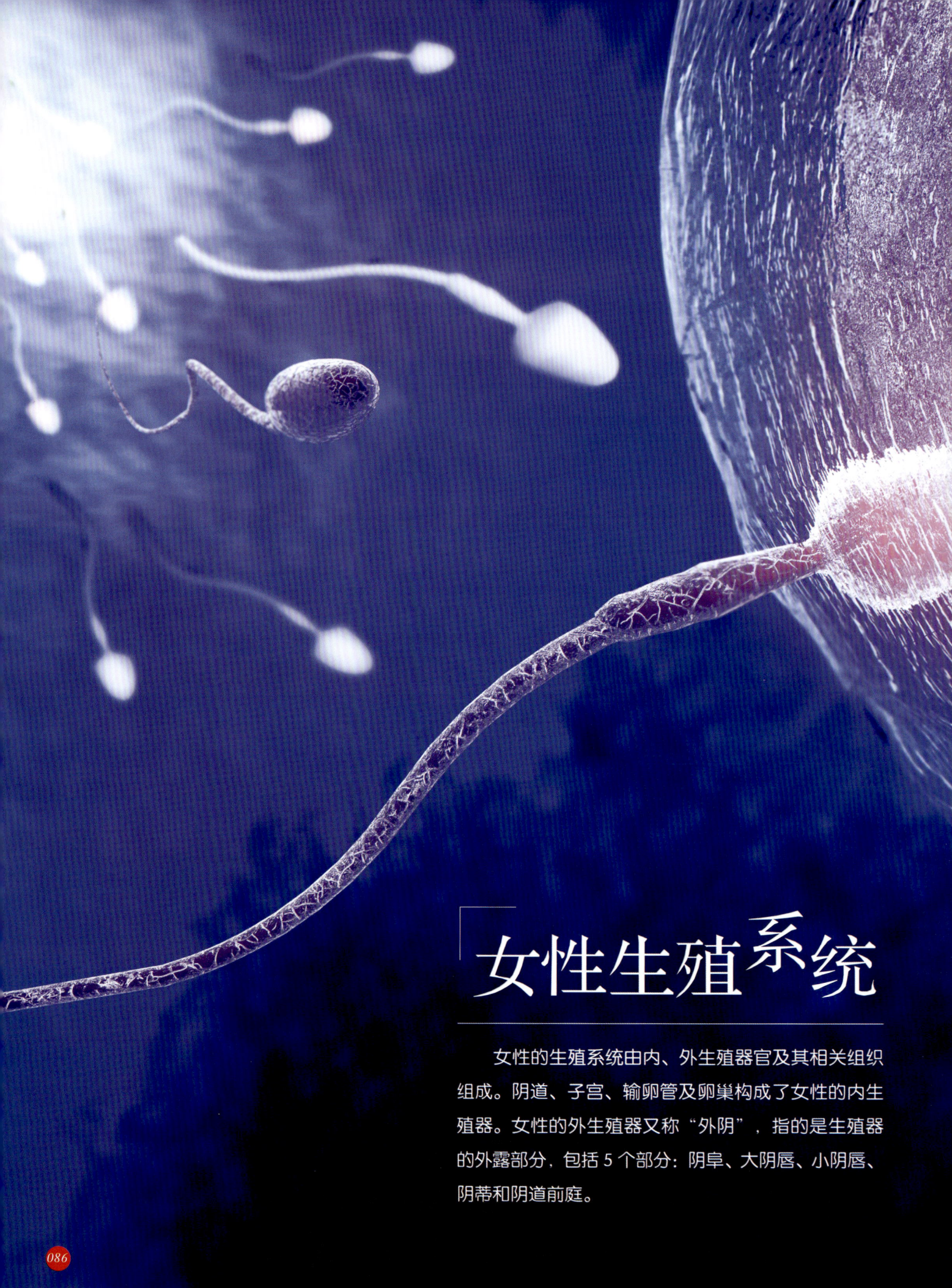

女性生殖系统

女性的生殖系统由内、外生殖器官及其相关组织组成。阴道、子宫、输卵管及卵巢构成了女性的内生殖器。女性的外生殖器又称"外阴",指的是生殖器的外露部分,包括5个部分:阴阜、大阴唇、小阴唇、阴蒂和阴道前庭。

生殖腺

女性的生殖腺是卵巢。卵巢位于盆腔里,从青春期开始排出成熟的性细胞,也就是通常所说的卵细胞,即卵子。排卵是月经周期的一部分,每月会有一次。如果排出的卵子在输卵管内受精成功,就成为受精卵。受精卵在子宫腔内发育成胚胎,最后胚胎发育成胎儿。没有受精的卵子会和脱落的子宫内膜一起通过阴道被排出体外。除此之外,卵巢还具有另一个功能,就是分泌雌性激素。

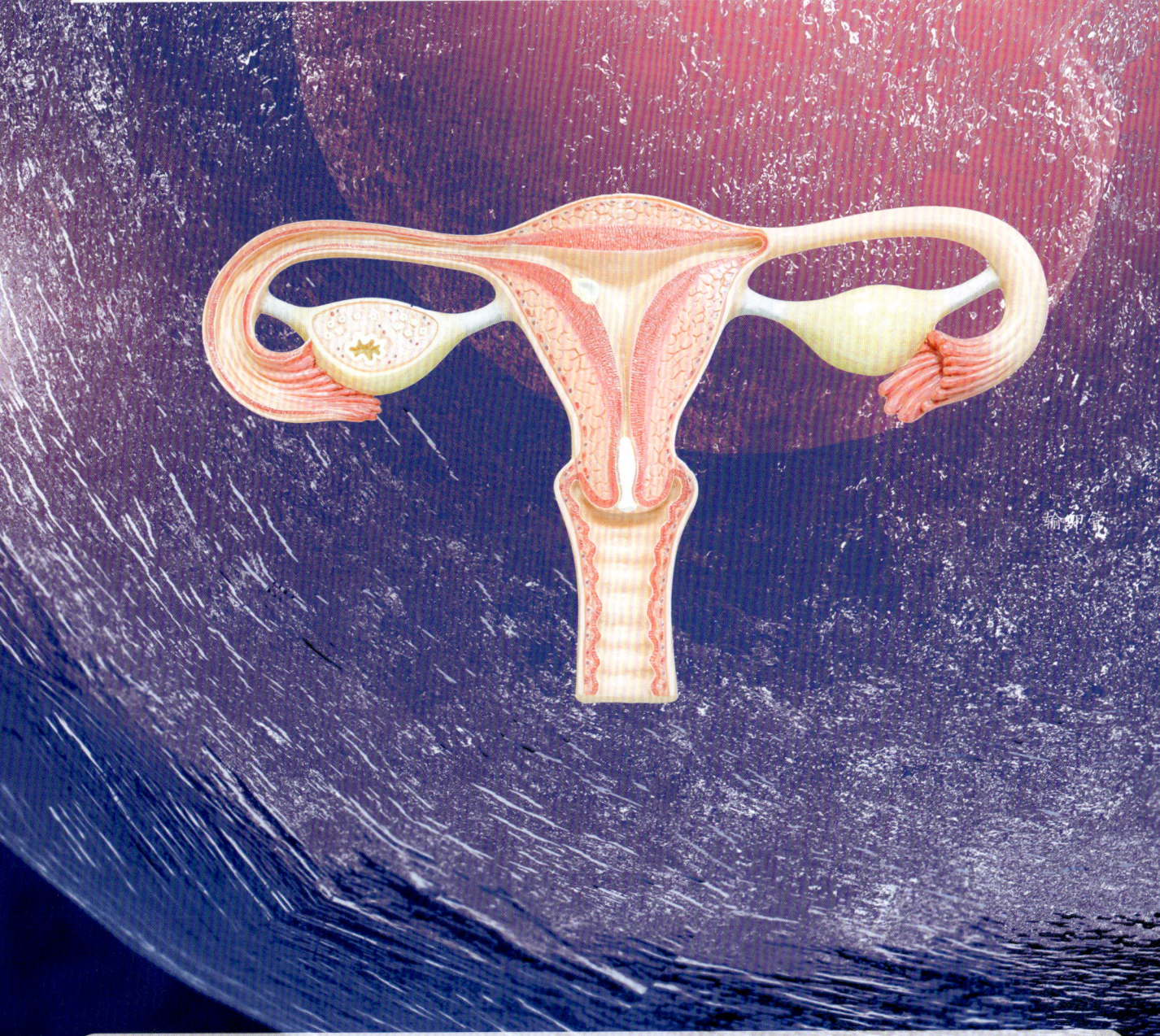

输卵管

卵细胞

人体内个头最大的细胞是卵细胞,它是一个球形结构,直径大约 0.1 毫米。卵细胞只存在于女性体内,成千上万的卵细胞在人出生之前就已经在卵巢产生了。它们大部分会留在产生的地方,等到了青春期,卵子就会从卵巢里释放出来,而且一般情况下每月只会释放 1 个卵子。卵子和精子一样,也含有一半创造生命的遗传信息。卵子的体形和精子不同,它不像精子那样具有流线型的身体和娇小的体积,它是一个不能移动的球体。

受精及胚胎的形成

卵子的外层是一层坚韧的胶冻状物质，精子与卵子相遇后，就会围绕卵子寻找合适的位置穿过卵子的外层钻进去。能成功钻进卵子的只有1条精子，精子会把尾巴留在卵子外面，精子的头部会和卵子的核进行融合。受精卵经过反复分裂会形成一个微小的胚胎。

生命是怎么开始的？

从男性的阴茎射进女性阴道的精子可以以百万计，但能到达输卵管的精子只有少数，而能和卵子融合成受精卵的精子通常只有1个。受精卵从卵巢被推到子宫腔内大约需要6天的时间，这个过程中，受精卵会进行反复地分裂。

受精

一个精子的头部可以释放出一些化学物质，这些化学物质可以帮助精子穿过卵子坚韧的外层。如果精子穿透了卵子的保护层，就完成了受精。

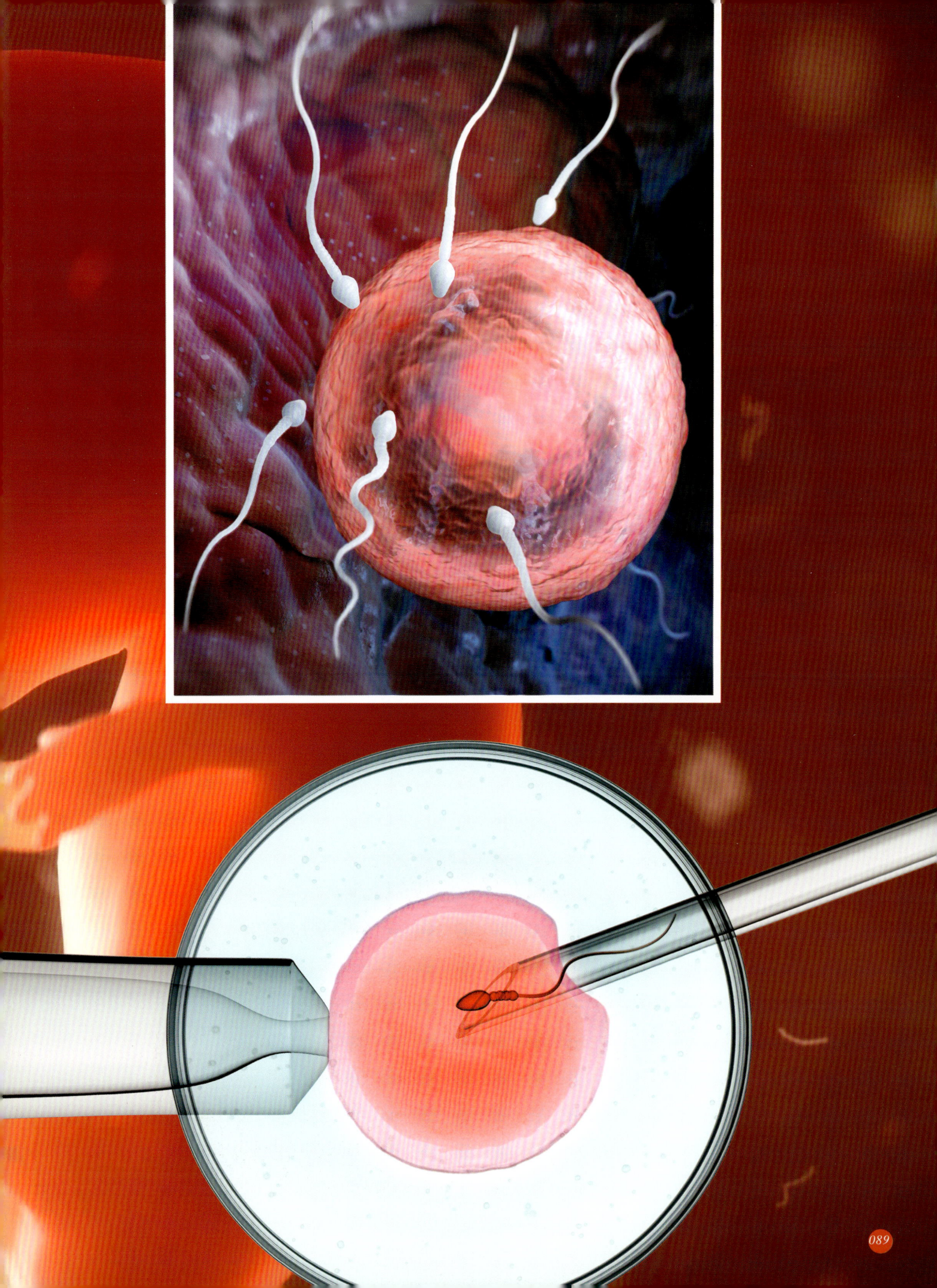

胎儿的发育

俗话常说"十月怀胎，一朝分娩"，其实整个妊娠过程为9个月。在整个妊娠过程中，母亲的子宫里会发生一系列引人注目的变化。从一个微小的球状的细胞团到发育成一个小宝宝，是一个神奇的过程。小宝宝一出生，就可以自己呼吸、活动，能够感受到周围的环境。

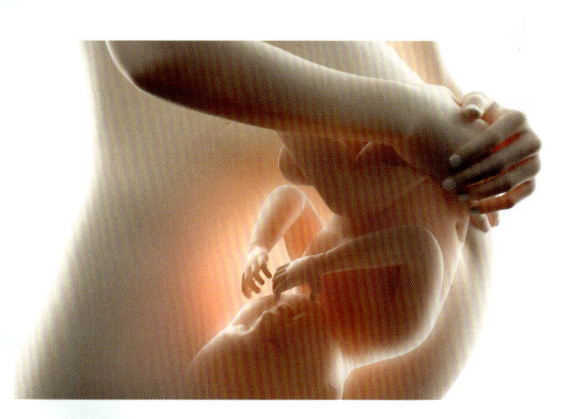

生长中的小宝宝

受精卵在到达子宫后的几个星期里，会从桑椹胚发育成一个胚胎。这个胚胎已经有能跳动的心脏，已经具备人体的大部分器官。在受精后11个星期时，还在发育中的小宝宝看起来已经很像一个人了，从这个时候起，他就可以正式被称为"胎儿"了。在以后的妊娠阶段，胎儿会越来越强健，越来越活跃。最后小宝宝发育成熟，分娩落地。

1 2 3　　4 5 6　　7 8 9　　孕期（月）

一模一样的两个胎儿

一般情况下,女人一胎只生1个孩子,但也有一胎生两个的,甚至更多。双胎也叫"孪生儿",是指一次妊娠中生下的两个胎儿。孪生儿有的是同卵双胎,也就是由一个受精卵分裂成了两个细胞,两个细胞分别发育成了两个胚胎,这样的两个胎儿会长得一模一样。孪生儿中也有的不是同卵双胎,而是异卵双胎。在受精的过程中恰巧有两个卵子排出,而两个卵子又恰巧和两个不同的精子进行了融合,这样就发育成了异卵双胎。

分娩

卵子完成受精以后，大约要经过40个星期的妊娠期，才会到分娩的时候。子宫壁是肌肉质的，可以进行收缩，宫缩可以在分娩时把发育成熟的胎儿推出去。胎儿脱离母体后，脐带就没有用了，应该被切断。因为，小宝宝不再借助脐带呼吸，而是用肺呼吸了。

婴儿期

在胎儿出生后的第一年，被称为"婴儿期"，这一阶段的婴儿在生活上完全依赖于父母。这一年中，婴儿会快速生长，从最初无法控制肌肉到对肌肉的控制力逐渐增强，先学会坐，再学会爬，然后是站，最后学会走路。对于大人讲的话，婴儿也越来越能听得懂了，还可以用目光和父母交流，并通过声音和面部表情和父母互动。

分娩的早期征兆

每个产妇的分娩征兆不完全一样，大致可以分为这3种迹象：见红、宫缩和破水，出现其中的任何一种迹象都可能预示着产程即将开始。在产程开始前，一般前3天内，在妊娠期间充当密封条的宫颈粘液栓会脱落掉，显出血染或棕色，这就是俗称的"见红"。随后宫缩会逐渐加强，并且越来越有规律，这时用来包裹羊水的羊膜囊会破裂，羊水会顺着产道流出来，俗称"破水"。

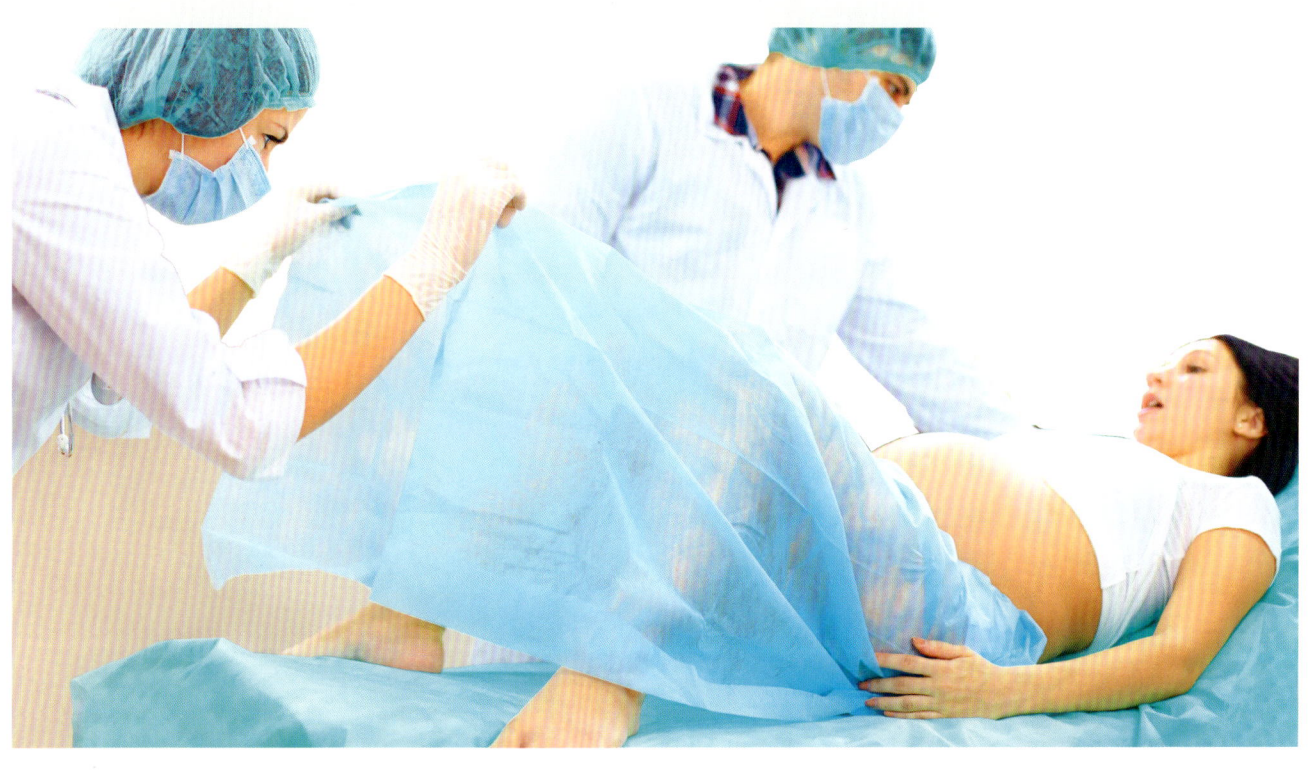

婴儿出生的3个阶段

分娩过程可以分为3个阶段。在分娩的第1阶段，主要是子宫进行收缩，子宫颈扩张，羊膜囊破裂，羊水流出。分娩的第2个阶段，是娩出胎儿。在母体宫缩和胎儿体位变换的协同作用下，体积较大的胎头首先进入产道，进而是全身，最终胎儿离开母体来到外部世界。分娩的第3阶段，是胎盘娩出。

人的成长

人的成长有四个主要阶段，每个阶段都有其鲜明的特点。每个生长阶段心理和生理有着很大的变化，人的一生都不能脱离这四个阶段。

儿童期

儿童期通常指的是1—10岁这一段时期，儿童在这一时期不断地生长发育，身体各部分所占的比例也在不断发生变化。婴儿时期时，婴儿的头占身体的比例是最大的。但到了儿童期，四肢的发育变快，四肢变得更长了，头与身体比起来便显得小了。这一时期，大脑内部发育很快，建立起了更多新的联系。儿童在这一时期会获得很多新的技巧，如学会说话、读书、写字，还学会走路、奔跑、骑自行车等。

青春期

青春期指的是十几岁开始到成年这一段时期。青春期是人的身体生长发育非常迅速的时期，体形开始发生变化，生殖系统也慢慢发育成熟。不仅是身体上，青春期的一个大的变化还表现在心理的发育和行为的改变。青少年开始慢慢摆脱父母的束缚，对父母的帮助要求更少了，凡事喜欢自己拿主意，自己去做。

成年期

在我们的一生中，我们的身体一直在发生着变化。从出生到衰老，人生可以分为几个不同的成长阶段。首先是婴儿期，然后是儿童期，在这两个阶段我们的生长发育是很快的，我们也学会了人生需要的许多生活的技巧。然后就到了青少年时期，继而成为成年人。成熟的女人和男人结婚生子，又会生育属于自己的孩子。

老年期

人总会步入老年期。随着年龄的增长，身体的自我修复和衰老细胞的更新开始需要更长的时间，这就是衰老的开始。衰老现象在60岁以后会变得非常明显。头发开始变白，越来越稀疏；皮肤不再光滑润泽，开始起皱；视力开始减弱，听力也开始衰退；肌肉不再那么有力，关节也不再灵活，骨质开始疏松，骨头变脆了，容易造成骨折。不过，在成年期如果有良好的膳食，有规律地进行运动，就可以大大降低老化的速度。

衰老

从生物学的角度来看，衰老是一种必然的结果。随着时间的推移，生物必然经历从出生到成熟再到衰老的过程。衰老是一个复杂的自然现象，主要表现在结构和机能的衰退，以及适应性和抵抗力的下降。

人体器官和身体部位衰老时间

对镜子中那个可以看到的自己，我们会比较了解，而对那些看不到的、一生都在默默工作的"零件"却不一定熟悉。其实在我们还年轻的时候，很多零件就开始变老了，让我们一起来了解一下它们的衰老时间吧。

大脑和肺在20岁的时候开始衰老，皮肤衰老是在25岁，头发、肌肉在30岁开始衰老，骨骼在35岁，牙齿、眼睛、心脏则是在40岁开始衰老，肾在50岁，肠在55岁开始衰老，肝脏会在70岁才开始衰老。

外表变化

大多数人在年老后，身体的脂肪比例会大幅增加，可增加30%以上。脂肪在体内的分布也在发生改变，皮下脂肪开始减少，腹部的脂肪却在增加。这样的结果就是皮肤变得更薄了，出现皱纹，变得更加脆弱，体形也开始发生变化。

延缓衰老

衰老虽然是一种成长的必然结果,但健康的生活方式可以延缓衰老。比如,不吸烟,或者在任何年龄停止吸烟,哪怕你已经80岁了,都是有助于改善肺功能的,可以减少肺癌的发生概率。不管在什么年龄,适度的负重锻炼都可以维持肌肉和骨骼的力量。

造成衰老的因素

哪些因素会造成衰老?哪些变化又是纯粹因衰老引起的?哪些衰老表现是人们生活习惯的结果?要准确回答这些问题,往往是非常困难的。如果经常久坐不动,饮食单一贫乏,经常吸烟、酗酒和滥用药物,比起单纯的衰老会更早损伤身体的许多器官;在有毒物质的环境中工作、生活的人,他们的一些器官的功能会有更明显、更迅速的减退,尤其会损伤肾、肺和肝;在嘈杂环境中工作的人,听力更容易受损。

遗传

每个人的身体细胞里都有一套独特的指令，用来建造和维护身体。这套指令对每个人来说都是必不可少的。世界上几乎没有两个人的指令是完全相同的，除了同卵双胞胎。在细胞核里，有一种叫作脱氧核糖核酸（DNA）的物质，遗传信息就是由这种物质携带的。

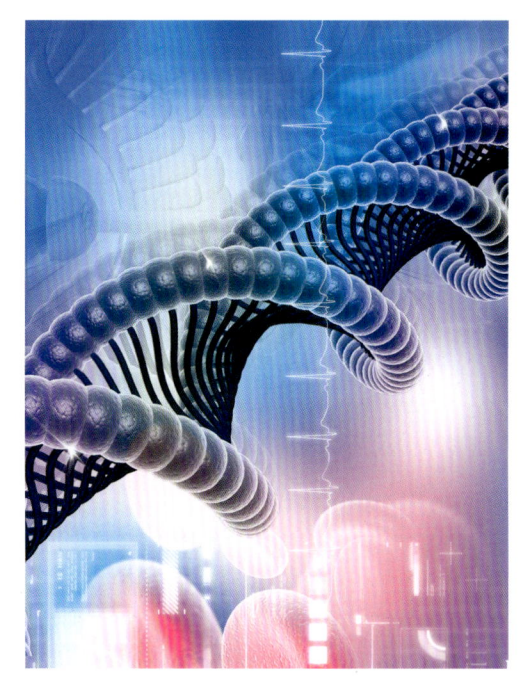

超螺旋

染色体存在于细胞核里，是一些成对的 X 形结构，由紧紧盘旋着的 DNA 分子构成的。如果解开螺旋，你就能够看到 DNA 的结构：两条相连的长链相互缠绕在一起，像是一架螺旋形的梯子。而超螺旋是由 DNA 双螺旋本身进一步盘绕形成的，有正超螺旋和负超螺旋两种。

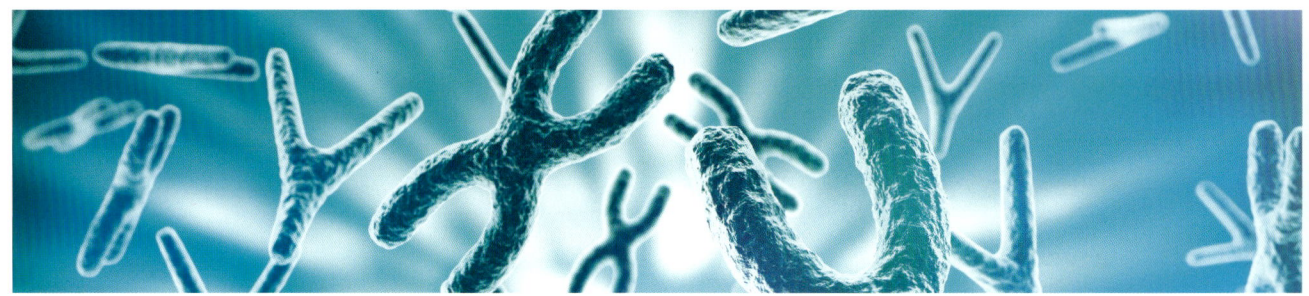

染色体

染色体是细胞核中载有遗传信息的物质。人体细胞核里包含 23 对染色体，每对染色体的两条分别来自父亲和母亲，一条继承父亲的基因，一条继承母亲的基因。每条染色体都是一条盘旋的 DNA 长链，细胞进行分裂的时候，各对染色体都会排成 X 形。染色体上有不同的条纹，表示基因的位置。

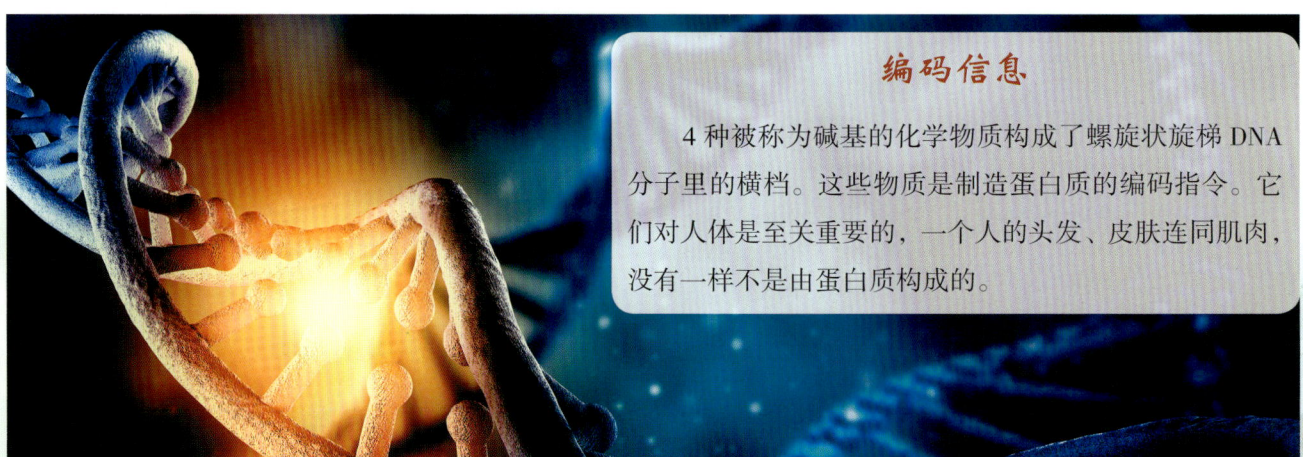

编码信息

4 种被称为碱基的化学物质构成了螺旋状旋梯 DNA 分子里的横档。这些物质是制造蛋白质的编码指令。它们对人体是至关重要的，一个人的头发、皮肤连同肌肉，没有一样不是由蛋白质构成的。

女孩还是男孩

在人体的 46 条染色体中，有两条是特殊的。这两条染色体一条叫作"X 染色体"，一条叫作"Y 染色体"。

胚胎最终发育为男孩还是女孩，就是由这两条特殊的染色体决定的。胚胎从母亲那里接受的都是一条 X 染色体，此时，如果从父亲那里接受的是一条 Y 染色体，胚胎就会发育成男孩；如果从父亲那里接受的也是一条 X 染色体，胚胎就会发育成一个女孩。

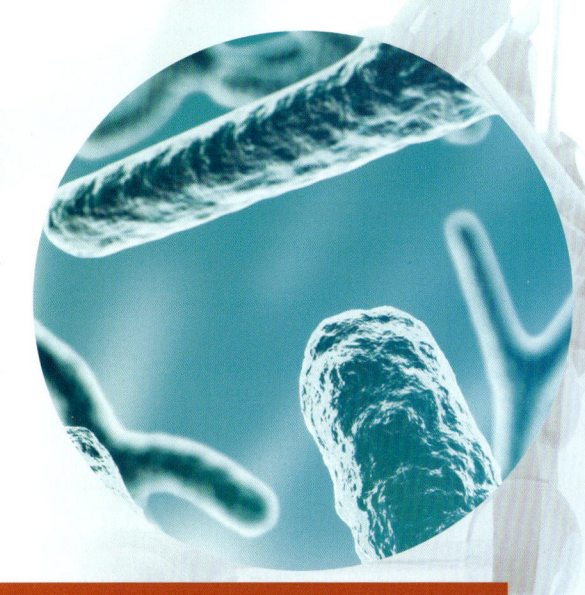

同卵双胎

孪生的兄弟姐妹看起来长得都非常像，有的简直一模一样，那是因为他们的 DNA 和基因都是完全相同的。可是，即使是孪生的兄弟姐妹，生活经历也不会是完全相同的。受生活经历的影响，每个人会形成各自的个性特征。目前，科学家们正在对同卵双胞胎进行研究，以便搞清楚一些问题。比如某种疾病的患病率到底是遗传基因在起作用，还是和出生后的养育环境有关。期待科学家们能早日找到答案。

图书在版编目（CIP）数据

万物探索.人体奥秘/焦庆锋主编.--济南：山东美术出版社，2018.12（2023.6重印）

（人生必读书百科系）

ISBN 978-7-5330-6629-1

Ⅰ.①万… Ⅱ.①焦… Ⅲ.①科学知识－青少年读物 ②人体－青少年读物 Ⅳ.① Z228.2 ② R32-49

中国版本图书馆 CIP 数据核字 (2017) 第 229607 号

万物探索 | 人体奥秘
WAN WU TANSUO　RENTI AOMI

责任编辑： 吕　灏

主管单位： 山东出版传媒股份有限公司

出版发行： 山东美术出版社

　　　　　济南市历下区舜耕路 517 号书苑广场（邮编：250003）

　　　　　http：//www.sdmspub.com

　　　　　E-mail：sdmscbs@163.com

　　　　　电话：（0531）82098268　传真：（0531）82066185

　　　　　山东美术出版社发行部

　　　　　济南市历下区舜耕路 517 号书苑广场（邮编：250003）

　　　　　电话：（0531）86193029　86193028

制版印刷： 天津泰宇印务有限公司

开　　本： 889mm×1194mm　16 开　6.5 印张

字　　数： 36 千字

版　　次： 2018 年 12 月第 1 版　2023 年 6 月第 2 次印刷

定　　价： 69.00 元